中等职业学校公共基础课程配套教学用书

数学

学习指导与练习

基础模块（上册）

高等教育出版社 教材发展研究所 组编

高等教育出版社·北京

总 主 编 秦 静
本册主编 陈士芹
其他编者（按姓氏笔画排序）
冯保莉 吕丽芝 朱建鹏 孙 平 靳慧哲

总 策 划 贾瑞武 段博原

图书在版编目（CIP）数据

数学学习指导与练习 ：基础模块. 上册 / 高等教育出版社教材发展研究所组编. -- 北京 ：高等教育出版社，2021.8
ISBN 978-7-04-056770-0

Ⅰ. ①数… Ⅱ. ①高… Ⅲ. ①数学课-中等专业学校-教学参考资料 Ⅳ. ①G634. 603

中国版本图书馆 CIP 数据核字(2021)第 166265 号

数学学习指导与练习:基础模块
SHUXUE XUEXI ZHIDAO YU LIANXI:
JICHU MOKUAI

策划编辑 邵 勇
责任编辑 王丹丹
封面设计 李树龙
版式设计 童 丹
责任校对 张 薇
责任印制 赵义民

物 料 号 56770-00

出版发行 高等教育出版社
社 址 北京市西城区德外大街 4 号
邮政编码 100120
印 刷 北京中科印刷有限公司
开 本 889 mm×1240 mm 1/16
印 张 9.5
字 数 200 千字
购书热线 010-58581118
咨询电话 400-810-0598
网 址 http://www.hep.edu.cn
http://www.hep.com.cn
网上订购 http://www.hepmall.com.cn
http://www.hepmall.com
http://www.hepmall.cn
版 次 2021年 8 月第 1 版
印 次 2021年 8 月第 1 次印刷
定 价 26. 80 元

前　言

本书是与中等职业学校公共基础课程教材《数学　基础模块(上册)》配套的学生学习指导用书。本书遵照《中等职业学校数学课程标准》(2020年版)(以下简称《课程标准》)的要求编写,旨在落实立德树人根本任务,发展学生的数学学科核心素养,注重遵循职业学校学生的特点和实际数学基础水平,体现针对性和适度性。

本书按照教材的章、节、目顺序进行编写。每章章首明确学业质量要求,每节内容包括"要点梳理""典例解析""闯关训练""学海探津"四个板块。"要点梳理"板块以填空题或问题的形式,引导学生有效地进行课前预习或课后复习;"典例解析"板块精挑细选了本节内容中学生易错难懂的重难点问题或典型例题,并对这些问题进行分析和解答,助力学生自主学习;"闯关训练"板块围绕每节的学习目标,精心设置习题,帮助学生进行同步训练,也为教师进行课堂教学和布置课后作业提供有效服务;"学海探津"板块融入数学文化、趣味数学等内容,以扩充学生的知识面,提升文化素养,发展学生兴趣。此外,每章后配有"自我检测",全书末配备四套"综合训练",在不同的时段提供有针对性的训练与考核题目,为学生的过程性评价和学习效果的及时反馈提供参考。

需要说明的是,本书依据《课程标准》的学业质量要求,将例题或习题均分为两个层次,其中题号前标"*"的是针对《课程标准》中学业质量水平二的要求设置的,其余是针对水平一的内容而设置。

本书配套可以满足不同教学需求的多种数字化教学资源(包括习题答案等)。按照本书最后一页"郑重声明"下方的学习卡账号使用说明,登录 http://abook.hep.com.cn/sve,上网学习,下载资源。

本书由高等教育出版社教材发展研究所组织编写,秦静任总主编,陈士芹任主编,参加编写的还有靳慧哲、孙平、冯保莉、朱建鹏、吕丽芝。在本书的编写过程中,还邀请了相关行业企业的工程技术人员参与了研讨和编写工作,以使书稿内容能够进一步贴近生产实际,体现职业岗位需求,满足一线教学需要。在编写过程中,部分省市教研室和一线数学教师提供了很好的建议和意见,在此表示衷心的感谢!

由于编者水平有限,书中难免有不妥之处,敬请广大读者批评指正,提出宝贵的意见和建议,意见反馈邮箱:zz_dzyj@pub.hep.cn。

编　者

2021年7月

目　录

第1章

集合

集合及其相关知识是现代数学的基础,运用集合语言和工具能够简洁、准确地表达数学中研究的对象及其关系.本章在学习集合概念及表示方法的基础上,进一步学习集合之间的关系与运算,逐步提升数学运算、直观想象、逻辑推理和数学抽象等核心素养.

本章内容的学业质量要求如下:

内容	质量描述	
	水平一	水平二
集合	在熟悉的单一情境中: 1. 能体会集合及相关概念的抽象过程,会用数学语言表示集合; 2. 会判断元素与集合、集合与集合之间的关系; 3. 会进行集合间的交、并运算,知道集合的补集	在熟悉的关联情境中: 1. 达到水平一的1—3; 2. 会运用集合包含关系的传递性判断两个集合的关系;会进行集合的补运算

1.1 集合及其表示

【要点梳理】

1. 集合的概念:由某些______的对象组成的______称为集合,简称集;组成这个集合的对象称为这个集合的______.

2. 集合的表示:一般用大写英文字母 $A,B,C,\cdots$ 表示______,用小写英文字母 $a,b,c,\cdots$ 表示集合中的______.

3. 元素与集合之间的关系:如果 a 是集合 A 中的元素,就说 a____A,记作______;如果 a 不是集合 A 中的元素,就说 a____A,记作______.

4. 集合的分类:含有__________元素的集合,称为有限集,含有无限个元素的集合称为________,不含____________________称为空集,记作______.

5. 补充以下常用数集的记法：

- 实数集 ______
  - 有理数集 ______
    - 整数集 ______
      - 正整数集$\mathbf{N}^*$ ⎫
      - $\{0\}$ ⎭ 自然数集 ______
      - 负整数集
    - 分数集
  - 无理数集

6. 比较集合的两种表示法，填入表 1-1 中.

表 1-1

表示法	列举法	描述法
定义		
优点		
不足		
适用类型		
注意事项		

【典例解析】

例 1 判断下列对象能否组成集合.

(1) 小于 1 的自然数；　(2) 接近于 0 的实数；　(3) 小于 0 的自然数.

分析 由集合的概念可知，组成集合的对象必须是确定的.

解 (1) 小于 1 的自然数是 0，是确定的对象，因此小于 1 的自然数可以组成集合；

(2) 因为“接近”没有具体标准，对象是不确定的，所以接近于 0 的实数不能组成集合；

(3) 小于 0 的自然数是不存在的，但对象是确定的，因此可以组成集合，为空集.

例 2 用符号“$\in$”或“$\notin$”填空.

(1) $\frac{1}{3}$______$\mathbf{Q}$； (2) 0______$\varnothing$； (3) 3______$\{x \mid x^2-2x-3=0\}$.

分析 题(1)中的字母 $\mathbf{Q}$ 表示有理数集，$\frac{1}{3}$是无限循环小数，因此，$\frac{1}{3}$是 $\mathbf{Q}$ 中的元素，即$\frac{1}{3}$属于 $\mathbf{Q}$；

题(2)中的$\varnothing$不含任何元素，因此，0 不属于$\varnothing$；

题(3)中，利用求根公式 $x=\frac{-b\pm\sqrt{b^2-4ac}}{2a}$可得，方程 $x^2-2x-3=0$ 的解是 3 和-1，因此，3 属于$\{x \mid x^2-2x-3=0\}$.

解 (1) $\in$； (2) $\notin$； (3) $\in$.

例 3 用适当的方法表示下列集合.

(1) 大于-2且小于 3 的整数； (2) 大于-2且小于 3 的有理数.

分析 题(1)中大于-2且小于 3 的整数有$-1,0,1,2$，因此，可以用列举法表示为$\{-1,0,1,2\}$，也可以用描述法表示为$\{x\in\mathbf{Z} \mid -2<x<3\}$；

题(2)中大于-2且小于 3 的有理数有无穷多个，是无限集，其中的元素无法一一列举出来，因此，用描述法表示为$\{x\in\mathbf{Q} \mid -2<x<3\}$.

解 (1) 用列举法表示为$\{-1,0,1,2\}$，用描述法表示为$\{x\in\mathbf{Z} \mid -2<x<3\}$；

(2) $\{x\in\mathbf{Q} \mid -2<x<3\}$.

注意 在选用适当的方法表示集合时，有些集合只能用列举法或者描述法中的一种表示，有些集合两种方法都适用.

【闯关训练】

1.1.1 集合的概念

一、用符号“$\in$”或“$\notin$”填空.

1. 3.14____**Q**.　　2. $\sqrt{2}$____**Q**.

3. $\frac{1}{2}$____**N**.　　4. -2____**N**.

5. $\sqrt{3}$____**R**.　　6. π______**R**.

二、选择题.

1. 下列选项不能组成集合的是(　　).

A. 不大于8的自然数　　B. 某班个子高的男生

C. 某班体重超过50 kg的同学　　D. 方程$x^2=-1$的实数解

2. 下列选项表示整数集的是(　　).

A. **N**　　B. $\mathbf{N}^*$　　C. **Z**　　D. **R**

3. 下列选项错误的是(　　).

A. $0\in\mathbf{N}$　　B. $0\in\mathbf{N}^*$　　C. $-1\in\mathbf{Z}$　　D. $0\in\mathbf{Z}$

4. 下列集合为空集的是(　　).

A. 小于4的偶数组成的集合　　B. 方程$|x|=0$的解集

C. 小于2的正偶数组成的集合　　D. 方程$x^2=3$的解集

5. 下列集合为无限集的是(　　).

A. 小于4的自然数组成的集合　　B. 大于0且小于4的整数组成的集合

C. 大于0且小于4的有理数组成的集合　　D. 小于4的正整数组成的集合

三、判断题(正确的打“√”,错误的打“×”).

1. 0和$\varnothing$表示同一个概念.　　(　　)

2. 数轴上到原点O的距离等于2的点组成的集合是有限集.　　(　　)

四、解答题.

1. 判断-5与方程$x^2-4x-5=0$的解集之间的关系.

2. 指出下列集合哪些是无限集,哪些是有限集.

(1) 不等式 $3x-6>0$ 的解集;

(2) 方程 $x^2-9=0$ 的解集;

(3) 不大于 5 的整数组成的集合.

1.1.2 集合的表示方法

一、用符号“$\in$”或“$\notin$”填空.

1. 2____$\{1,2,3,4,5\}$.

2. m____$\{a,b,c,d\}$.

3. 0____$\{x \mid x^2=-1\}$.

4. -1____$\{x \mid |x|=1\}$.

5. $\frac{1}{2}$____$\{x \mid 0<x<3\}$.

6. 0______$\{(0,5)\}$.

二、选择题.

1. 小于 7 的正整数组成的集合用列举法表示为(　　).

A. $\{0,1,2,3,4,5,6\}$

B. $\{1,2,3,4,5,6\}$

C. 1,2,3,4,5,6

D. 0,1,2,3,4,5,6

2. 下列说法正确的是(　　).

A. $\{0,2,4\}$和$\{2,4,0\}$表示两个不同的集合

B. 任何一个集合都可以用列举法表示

C. $\{(3,5)\}$和$\{3,5\}$表示同一个集合

D. $\{0\}$和$\varnothing$表示两个不同的集合

3. 下列集合不能用列举法表示的是(　　).

A. 大于 0 且小于 10 的所有实数组成的集合

B. 大于 0 且小于 10 的所有自然数组成的集合

C. 大于 0 且小于 10 的所有整数组成的集合

D. 大于 0 且小于 10 的所有偶数组成的集合

4. 集合$\{x \mid 1<x<6\}$表示(　　).

A. $\{2,3,4,5\}$

B. 大于 1 且小于 6 的所有整数组成的集合

C. 大于 1 且小于 6 的所有有理数组成的集合

D. 大于 1 且小于 6 的所有实数组成的集合

5. 由第二象限所有的点组成的集合用描述法表示为(　　).

A. $\{(x,y) \mid x>0,y>0\}$

B. $\{(x,y) \mid x<0,y<0\}$

C. $\{(x,y) \mid x>0,y<0\}$

D. $\{(x,y) \mid x<0,y>0\}$

三、用适当的方法表示下列集合.

1. 方程 $x^2+3x+2=0$ 的解集.

2. 大于 0 且小于 10 的所有奇数组成的集合.

3. 绝对值小于 9 的实数组成的集合.

4. 在平面直角坐标系中,由 y 轴正半轴上所有的点组成的集合.

5. 方程组$\begin{cases}x+y=5,\\2x-y=1\end{cases}$的解集.

【学海探津】

1. "属于"符号"$\in$"

"$\in$"是表示一个元素属于某一个集合的记号,是意大利数学家皮亚诺(图 1-1)在 1889 年出版的数学著作中首先使用的.如果 a 是集合 A 的元素,则记为 $a\in A$.而 a 不是集合 A 的元素的记号 $a\notin A$,则是后来人创用的.用符号表示元素与集合的从属关系更加简便和明确.

图 1-1

2. 关于空集符号"$\varnothing$"

"$\varnothing$"表示集合中没有任何元素,你能区分 0 和$\varnothing$、$\{0\}$和$\varnothing$、$\{\varnothing\}$和$\varnothing$吗?

1.2 集合之间的关系

【要点梳理】

1. 子集的概念：一般地，如果集合 A 的________元素都是集合 B 的元素（图 1-2），则称集合 A 是集合 B 的子集，记作__________（或__________），读作"A 包含于 B"（或"________"）.

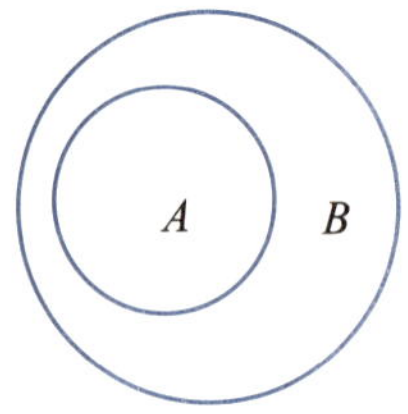

图 1-2

2. 由子集的定义可知，任何一个集合都是________的子集，即________.

3. 集合相等：一般地，如果集合 A 的元素与集合 B 的元素__________，则称集合 A 与集合 B 相等，记作__________.

4. 当集合 A 与集合 B 相等时，集合 A 的每一个元素都是集合 B 的元素，即______；同时，集合 B 的每一个元素也都是集合 A 的元素，即________.

5. 真子集的概念：一般地，如果集合 A 是集合 B 的______，并且集合 B 中____________不属于集合 A，则称集合 A 是集合 B 的真子集，记作__________（或__________），读作"A 真包含于 B"（或"______________"）.

6. 空集是______集合的子集，即 $\varnothing$______A；空集是任何________集合的真子集.

【典例解析】

例 1 写出集合 $\{0,1\}$ 的所有子集，并指出哪些是真子集.

分析 由子集的概念可知，如果集合 A 是集合 $\{0,1\}$ 的子集，则集合 A 的所有元素都是集合 $\{0,1\}$ 的元素.以集合 A 中所含元素的个数为标准进行分类，① 不含任何元素：$\varnothing$；② 含 1 个元素：$\{0\}$，$\{1\}$；③ 含 2 个元素：$\{0,1\}$.由真子集的概念可知，集合 B 如果是集合 $\{0,1\}$ 的真子集，则首先必须是集合 $\{0,1\}$ 的子集，其次，集合 B 中至少有一个元素不属于集合 $\{0,1\}$，也就是，集合 $\{0,1\}$ 的真子集不能是它本身.

解 集合 $\{0,1\}$ 的所有子集为

$$\varnothing,\{0\},\{1\},\{0,1\}.$$

集合 $\{0,1\}$ 的所有真子集为

$$\varnothing,\{0\},\{1\}.$$

例 2 用符号“$\in$”“$\notin$”“$\subsetneqq$”“$\supsetneqq$”或“$=$”填空.

(1) 5______$\{0,5,10\}$; (2) $\mathbf{Z}$______$\mathbf{Q}$;

(3) $\{0\}$______$\varnothing$; (4) $\{-1,1\}$______$\{x \mid x^2=1\}$.

分析 元素与集合之间的关系用符号“$\in$”“$\notin$”表示,集合与集合之间的关系用“$\subsetneqq$”“$\supsetneqq$”“$=$”表示.

题(1)中,数字 5 表示元素,$\{0,5,10\}$表示集合,5 是集合$\{0,5,10\}$的元素,因此,$5\in\{0,5,10\}$;

题(2)中,$\mathbf{Z}$ 表示整数集,$\mathbf{Q}$ 表示有理数集,所有的整数都是有理数,因此,$\mathbf{Z}\subsetneqq\mathbf{Q}$;

题(3)中,$\{0\}$表示集合,其中只有一个元素 0,而$\varnothing$表示不含任何元素的集合,因此,$\{0\}\supsetneqq\varnothing$;

题(4)中,$\{-1,1\}$表示集合,其中有两个元素-1 和 1,$\{x \mid x^2=1\}$也表示集合,解方程 $x^2=1$,得 $x_1=1, x_2=-1$,因此,集合$\{x \mid x^2=1\}$的元素与集合$\{-1,1\}$的元素相同,故$\{-1,1\}=\{x \mid x^2=1\}$.

解 (1) $\in$;(2) $\subsetneqq$;(3) $\supsetneqq$;(4) $=$.

例 3 已知集合 $A=\{0,1\}$, $B=\{0,1,2,3\}$,问满足关系 $A\subseteq M\subsetneqq B$ 的集合 M 有几个?

分析 若 $A\subseteq M$,则集合 M 中至少含有元素 0 和 1;又由于 $M\subsetneqq B$,则集合 M 是集合 B 的子集,且不能等于集合 B,因此,以集合 M 中所含元素的个数为标准进行分类,① 含两个元素:$\{0,1\}$;② 含三个元素:$\{0,1,2\}$, $\{0,1,3\}$.

解 由 $A\subseteq M$,得集合 M 中至少含有元素 0 和 1;又由于 $M\subsetneqq B$,则集合 M 是集合 B 的子集,且不能等于集合 B,因此,满足关系 $A\subseteq M\subsetneqq B$ 的集合 M 有 3 个:$\{0,1\}$, $\{0,1,2\}$, $\{0,1,3\}$.

归纳 在用符号“$\in$”“$\notin$”“$\subsetneqq$”“$\supsetneqq$”“$=$”判断关系时,首先要区分符号,“$\in$”和“$\notin$”表示元素与集合之间的关系,“$\subsetneqq$”“$\supsetneqq$”“$=$”表示集合与集合之间的关系;其次要分清什么是元素,什么是集合,小写的字母表示元素,花括号“$\{\ \}$”括起来的整体表示集合,大写的字母表示集合,例如,数字 7 表示元素,$\{7\}$表示集合,因此,$7\in\{7\}$.

【闯关训练】

1.2 集合之间的关系

一、判断题.

1. 若 $A\subseteq B$,则一定有 $A\subsetneqq B$. ( )

2. 若 $A\subsetneqq B$,则一定有 $A\subseteq B$. ( )

3. 若 $A=B$,则一定有 $A\subseteq B$ 且 $B\subseteq A$. ( )

4. 若 $A\subsetneqq B$,则一定有 $A=B$. ( )

5. 若 A 为任意集合,则一定有$\varnothing\subsetneqq A$. ( )

二、用符号"$\in$""$\notin$""$\subsetneqq$""$\supsetneqq$"或"$=$"填空.

1. $\{a,b\}$____$\{a,b,c,d\}$.

2. $\{2\}$____$\{x\mid x^2=4\}$.

3. m____$\{a,b,c\}$.

4. $\{1,2,3\}$____$\varnothing$.

5. {三角形}____{锐角三角形}.

6. $\{x\mid |x|=5\}$______$\{x\mid x^2=25\}$.

三、选择题.

1. 若集合 $A=\varnothing$,则集合 A 的子集的个数是( ).

A. 0　　B. 1　　C. 2　　D. 3

2. 若集合 $A=\{0,5\}$,则下列哪个选项不是集合 A 的真子集?( )

A. $\{0,5\}$　　B. $\{0\}$　　C. $\{5\}$　　D. $\varnothing$

3. 已知集合 $A=\{0,\sqrt{3},x\}$,$B=\{0,1\}$,若 $B\subsetneqq A$,则 $x=$( ).

A. $\sqrt{3}$　　B. 0　　C. 1　　D. 2

4. 设集合 $A=\{x\mid x<2\}$,$B=\{x\mid x<5\}$,则下列选项正确的是( ).

A. $A\notin B$　　B. $A=B$　　C. $A\supsetneqq B$　　D. $A\subsetneqq B$

四、解答题.

1. 写出集合 $A=\{x\in\mathbf{N}\mid -1<x<3\}$ 的所有子集和非空真子集.

2. 判断集合 $M=\{x \mid x=3k, k\in \mathbf{N}\}$ 与集合 $P=\{x \mid x=6k, k\in \mathbf{N}\}$ 的关系.

【学海探津】

唐宋八大家,包括唐代的韩愈、柳宗元和宋代的欧阳修、苏洵、苏轼、苏辙、王安石、曾巩,他们对诗文的发展产生了重要的影响.

如果用 A 表示唐宋八大家组成的集合,集合 $B=\{$韩愈,柳宗元$\}$,集合 $C=\{$欧阳修,苏洵,苏轼,苏辙,王安石,曾巩$\}$,则集合 A 与集合 B 是什么关系? 集合 A 与集合 C 是什么关系?

1.3 集合的运算

【要点梳理】

1. 交集的概念：一般地，对于给定的集合 A 与集合 B，由既______集合 A 又______集合 B 的所有元素组成的集合，称为集合 A 与集合 B 的交集，记作__________，读作"A____B".即 A__$B=\{x\mid$___________________$\}$.

2. 并集的概念：一般地，对于给定的集合 A 与集合 B，由集合 A 与集合 B 的______元素组成的集合，称为集合 A 与集合 B 的并集，记作____________，读作"A____B".即 A__$B=\{x\mid$______________________$\}$.

3. 全集的概念：在研究某些集合时，如果这些集合都是一个给定集合的______，那么这个给定的集合称为全集，通常用字母________表示.

4. 补集的概念：一般地，如果集合 A 是全集 U 的一个______，则由全集 U 中______集合 A 的______元素组成的集合称为集合 A 在全集 U 中的补集，记作__________.即________$=\{x\mid x\in U$ 且__________$\}$.

5. 对于任意的集合 A 与集合 B，有

(1) $A\cap B=$______，$A\cup B=$________；

(2) $A\cap A=$______，$A\cup A=$________；

(3) $A\cap\varnothing=$______，$A\cup\varnothing=$________；

(4) $A\cap B$____A，$A\cup B$________A；

(5) $A\cap\complement_U A=$____，$A\cup\complement_U A=$________；

(6) $\complement_U(\complement_U A)=$________.

【典例解析】

例1 已知全集 $U=\{x\in\mathbf{N}\mid x<10\}$，集合 $A=\{2,4,6,8\}$，集合 $B=\{0,1,2,3,4,5\}$，求 $A\cap B$，$A\cup B$，$(\complement_U A)\cap B$.

分析 求集合 A 与集合 B 的交集就是求这两个集合中的相同元素组成的集合，因此 $A\cap B=\{2,4\}$；求集合 A 与集合 B 的并集就是求这两个集合的所有元素组成的集合，因此 $A\cup B=\{0,1,2,3,4,5,6,8\}$；$(\complement_U A)\cap B$ 为混合运算，先用列举法表示全集 $U=\{x\in\mathbf{N}\mid x<10\}$，即 $U=$

$\{0,1,2,3,4,5,6,7,8,9\}$，U 中不属于集合 A 的所有元素有 0，1，3，5，7，9，即 $\complement_U A=\{0,1,3,5,7,9\}$，因此，$(\complement_U A)\cap B=\{0,1,3,5\}$.

解 $A\cap B=\{2,4,6,8\}\cap\{0,1,2,3,4,5\}$

$=\{2,4\}$；

$A\cup B=\{2,4,6,8\}\cup\{0,1,2,3,4,5\}$

$=\{0,1,2,3,4,5,6,8\}$；

$U=\{x\in \mathbf{N}\mid x<10\}=\{0,1,2,3,4,5,6,7,8,9\}$，

$(\complement_U A)\cap B=\{0,1,3,5,7,9\}\cap\{0,1,2,3,4,5\}$

$=\{0,1,3,5\}$.

例 2 已知 $U=\mathbf{R}$，集合 $A=\{x\mid 0<x<5\}$，集合 $B=\{x\mid x\leqslant 3\}$，求 $A\cap B$，$A\cup B$，$\complement_U B$.

分析 在数轴上将集合 A 与集合 B 表示出来，如图 1-3 所示.

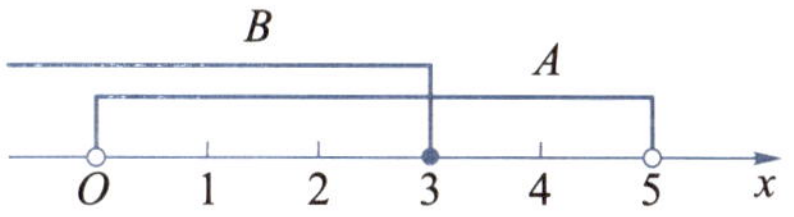

图 1-3

从图中可以看出，集合 A 与集合 B 的公共部分是 $0<x\leqslant 3$，因此，$A\cap B=\{x\mid 0<x\leqslant 3\}$；集合 A 与集合 B 的所有部分是 $x<5$，因此，$A\cup B=\{x\mid x<5\}$；全集 $U=\mathbf{R}$，是整个实数轴，因此 $\complement_U B=\{x\mid x>3\}$.

解 $A\cap B=\{x\mid 0<x<5\}\cap\{x\mid x\leqslant 3\}$

$=\{x\mid 0<x\leqslant 3\}$；

$A\cup B=\{x\mid 0<x<5\}\cup\{x\mid x\leqslant 3\}$

$=\{x\mid x<5\}$；

$\complement_U B=\{x\mid x>3\}$.

例 3 已知集合 $A=\{(x,y)\mid 2x-y=1\}$，集合 $B=\{(x,y)\mid x+y=5\}$，求 $A\cap B$.

分析 集合 A 表示方程 $2x-y=1$ 的解集，集合 B 表示方程 $x+y=5$ 的解集，$A\cap B$ 则是二元一次方程组 $\begin{cases}2x-y=1,\\x+y=5\end{cases}$ 的解集，利用加减消元法，解得 $\begin{cases}x=2,\\y=3,\end{cases}$ 这是一组有序实数对，用列举法表示为 $A\cap B=\{(2,3)\}$，也可以用描述法表示为 $A\cap B=\{(x,y)\mid x=2,y=3\}$.

解 解方程组 $\begin{cases}2x-y=1,\\x+y=5,\end{cases}$ 得 $\begin{cases}x=2,\\y=3,\end{cases}$ 因此

$$A\cap B=\{(2,3)\}.$$

归纳 求集合的交、并、补集运算的常见题型有两种，一种是用列举法表示，根据交集、并集、补集的定义将元素一一列举即可；另一种是用描述法表示的集合，可以将集合在数轴上表示出来，根据定义通过观察数轴得出交集、并集、补集.

【闯关训练】

1.3.1 交　　集

一、判断题.

1. $A\cap B=\{x\mid x\in A$ 或 $x\in B\}$.　（　　）

2. $\{0,1,2\}\cap\{3,5,8\}=\varnothing$.　（　　）

3. 若 $A\subseteq B$,则 $A\cap B=B$.　（　　）

4. $\mathbf{R}\cap\varnothing=\varnothing$.　（　　）

二、选择题.

1. 已知集合 $A=\{a,b,c,d\}$,集合 $B=\{c,f\}$,则 $A\cap B=$(　　).

A. c　　B. $\{c,f\}$　　C. $\{a,b,c,d,f\}$　　D. $\{c\}$

2. 已知集合 $A=\{x\mid x^2=49\}$,集合 $B=\{x\mid 0<x<10\}$,则 $A\cap B=$(　　).

A. $\{-7,7\}$　　B. $\{7\}$　　C. $\{x\mid 0<x<7\}$　　D. $\{7,8,9\}$

3. 已知集合 $A=\{x\mid 0<x<8\}$,集合 $B=\{x\mid 2<x<4\}$,则 $A\cap B=$(　　).

A. $\{x\mid 0<x<8\}$　　B. $\{x\mid 2<x<4\}$　　C. $\{x\mid 0<x<4\}$　　D. $\{x\mid 2<x<8\}$

*4. 已知集合 $A=\{(x,y)\mid x-2y=0\}$,集合 $B=\{(x,y)\mid 2x+y=-5\}$,则集合 $A\cap B=$(　　).

A. $x=2,y=1$　　B. $\{x=-2,y=-1\}$　　C. $\{(-2,-1)\}$　　D. $(-2,-1)$

三、解答题.

1. 已知集合 $A=\{x\mid 0<x<4\}$,集合 $B=\{x\mid -1<x<2\}$,求 $A\cap B$.

2. 已知集合 $A=\{x\mid x^2-5x-6=0\}$,集合 $B=\{x\mid x^2=1\}$,求 $A\cap B$.

1.3.2 并 集

一、判断题.

1. $A\cup B=\{x\mid x\in A$ 或 $x\in B\}$. ( )

2. $\{2,4,6\}\cup\{2,5,7\}=\{2,4,6,5,7\}$. ( )

3. 若 $A\subseteq B$,则 $A\cup B=B$. ( )

4. $\{1,2,3\}\cup\varnothing=\varnothing$. ( )

5. {偶数} ∪ {奇数} = {整数}. ( )

二、选择题.

1. 已知集合 $A=\{3,6,9\}$,集合 $B=\{2,4,8\}$,则 $A\cup B=$( ).

A. $\varnothing$　　B. $\{2,3,4,6,8,9\}$

C. $\{2,3,6,9\}$　　D. $\{1,2,3,4,6,8,9\}$

2. 已知集合 $A=\{x\mid x>1\}$,集合 $B=\{x\mid x<0\}$,则 $A\cup B=$( ).

A. $\varnothing$　　B. $\{x\mid 0<x<1\}$　　C. $\{x\mid x<0$ 或 $x>1\}$　　D. $\{x\mid x>1\}$

3. 已知集合 $A=\{x\mid -1<x<2\}$,集合 $B=\{x\mid 0<x<3\}$,则 $A\cup B=$( ).

A. $\{x\mid 0<x<2\}$　　B. $\{x\mid -1<x<3\}$　　C. $\{x\mid x>-1\}$　　D. $\{x\mid x<3\}$

三、解答题.

1. 已知集合 $A=\{x\mid x>4\}$,集合 $B=\{x\mid x<9\}$,求 $A\cup B$.

2. 已知集合 $A=\{x\mid x^2-x=0\}$,集合 $B=\{x\mid 2x-3=5\}$,求 $A\cup B$.

*1.3.3 补　　集

一、填空题.

1. 设全集 $U=\{0,1,2,3,4,5\}$，集合 $A=\{1,3,5\}$，则 $\complement_U A=$____________.

2. 设全集 $U=\{a,b,c,d,e\}$，集合 $\complement_U A=\{a,c\}$，则 $A=$____________.

3. 设全集 $U=\mathbf{R}$，若集合 $A=\{x \mid x>1\}$，则 $\complement_U A=$____________.

4. 设全集 $U=\mathbf{R}$，若集合 $\complement_U A=\{$无理数$\}$，则集合 $A=$________.（用数集符号表示）

5. 设全集 $U=\mathbf{N}$，若集合 $A=\varnothing$，则 $\complement_U A=$________.

二、选择题.

1. 已知全集 $U=\{x\in\mathbf{N} \mid x\leqslant 6\}$，集合 $B=\{1,2,3\}$，则 $\complement_U B=$（　　）.

A. $\{4,5,6\}$　　B. $\{0,4,5\}$　　C. $\{0,4,5,6\}$　　D. $\{0,1,4,5,6\}$

2. 已知集合 $U=\{$海军，陆军，空军$\}$，集合 $A=\{$空军$\}$，则 $\complement_U A=$（　　）.

A. {海军，陆军，空军}　　B. {海军，陆军}

C. {陆军，空军}　　D. {海军，空军}

3. 已知集合 $U=\{x \mid x<10\}$，集合 $A=\{x \mid x<3\}$，则 $\complement_U A=$（　　）.

A. $\{x \mid x\geqslant 3\}$　　B. $\{x \mid 3<x<10\}$　　C. $\{x \mid 3\leqslant x<10\}$　　D. $\{x \mid 3\leqslant x\leqslant 10\}$

三、解答题.

1. 已知全集 $U=\mathbf{R}$，集合 $A=\{x \mid 0<x\leqslant 5\}$，求 $\complement_U A$.

2. 已知全集 $U=\{x\in\mathbf{N} \mid 0<x<10\}$，集合 $A=\{2,3,5,7\}$，集合 $B=\{1,3,5,7,9\}$，求 $\complement_U(A\cap B)$.

【学海探津】

2003年10月15—16日，我国进行了首次载人航天飞行.我国航天员杨利伟乘坐神舟五号载人航天飞船，在太空运行14圈，历时21小时23分，顺利完成各项预定操作任务后，安全返回主着陆场.轨道舱留轨运行半年时间，获得了大量的科学实验成果.

以下是完成历次载人航天任务的航天员名单：

神舟五号航天员：杨利伟

神舟六号航天员：费俊龙、聂海胜

神舟七号航天员：翟志刚、刘伯明、景海鹏

神舟九号航天员：景海鹏、刘旺、刘洋

神舟十号航天员：聂海胜、张晓光、王亚平

神舟十一号航天员：景海鹏、陈冬

神舟十二号航天员：聂海胜、刘伯明、汤洪波

如果用 U 表示以上航天员组成的集合，用 A、B、C 分别表示神舟六号、神舟十号、神舟十二号航天员组成的集合，求 $A\cap B\cap C$，$\complement_U(A\cup B\cup C)$.

（本题信息选自：中国载人航天网）

第 1 章自我检测

一、选择题.

1. 下列不能组成集合的是(　　).

A. 世界七大洲

B. 世界上人口众多的国家

C. 中国的四书五经

D. 中国的二十四节气

2. 下列说法正确的是(　　).

A. $\{1,2\}$ 与 $\{2,1\}$ 表示同一个集合

B. $0\in\varnothing$

C. $\{0\}=\varnothing$

D. $0=\{0\}$

3. 下列符号表示正整数集的是(　　).

A. $\mathbf{R}$　　B. $\mathbf{Z}$　　C. $\mathbf{N}$　　D. $\mathbf{N}^*$

4. 已知集合 $A=\{x\in\mathbf{Z}\mid -2\leqslant x<2\}$，则集合 A 用列举法可以表示为(　　).

A. $\{0,1\}$

B. $\{0,1,2\}$

C. $\{-2,-1,0,1\}$

D. $\{-2,-1,0,1,2\}$

5. 已知集合 $A=\{(x,y)\mid xy>0\}$，则集合 A 中的点所在的象限是(　　).

A. 第一象限

B. 第二象限

C. 第三象限

D. 第一象限或第三象限

6. 集合 $A=\{-3\}$，集合 $B=\{x\mid |x|=-3\}$，则集合 A 与集合 B 的关系是(　　).

A. $A\subseteq B$　　B. $B\subsetneqq A$　　C. $A=B$　　D. $A\in B$

7. 已知集合 $A=\{0,4\}$，则集合 A 的非空真子集的个数是(　　).

A. 4　　B. 3　　C. 2　　D. 1

8. 已知集合 $A=\{2,4,6,8\}$，集合 $B=\{1,3,5,11\}$，则 $A\cap B=$(　　).

A. $\varnothing$

B. $\{2,8\}$

C. $\{3,6\}$

D. $\{1,2,3,4,5,6,8,11\}$

9. 已知集合 $M=\{$正方形$\}$，集合 $P=\{$菱形$\}$，则 $M\cup P=$(　　).

A. $\{$正方形$\}$　　B. $\{$菱形$\}$　　C. $\{$四边形$\}$　　D. $\{$矩形$\}$

*10. 已知全集 $U=\mathbf{N}$，集合 $A=\{x\in\mathbf{N}\mid x>5\}$，则 $\complement_U A=$(　　).

A. $\{x\mid x<5\}$　　B. $\{x\mid x\leqslant 5\}$　　C. $\{0,1,2,3,4,5\}$　　D. $\{0,1,2,3,4\}$

二、填空题.

1. 方程 $2x^2+3x+1=0$ 的解集是____________.

2. 全体正奇数组成的集合用描述法表示为____________.

3. 集合 $A=\{x\mid 0\leqslant x\leqslant 4\}$ 是________集.(填“有限”或“无限”)

4. 用符号“$\in$”“$\notin$”“$\subsetneqq$”“$\supsetneqq$”或“=”填空.

(1) -9_____ $\{x\mid x^2=9\}$;　　　　(2) $\{0\}$______ $\{x\mid x(x-3)=0\}$;

(3) $\{x\mid x>3\}$______ $\{x\mid x>1\}$;　　　　(4) $\sqrt{2}+1$_____ $\mathbf{R}$;

(5) $\{x\mid x^2=4\}$______ $\{x\mid |x|=2\}$.

5. 设集合 $A=\{(x,y)\mid -x+y=7\}$,集合 $B=\{(x,y)\mid x+y=1\}$,则 $A\cap B=$__________.

6. 已知集合 $A=\{1,a\}$,集合 $B=\{2,0\}$,若 $A\cap B=\{2\}$,则 $A\cup B=$____________.

三、解答题

1. 设集合 $A=\{1,2,3,4,5\}$,集合 $B=\{3,5,7,9\}$,求 $A\cup B$.

2. 设集合 $A=\{x\mid 1<x<3\}$,集合 $B=\{x\mid -1<x\leqslant 2\}$,求 $A\cap B$.

3. 判断集合 $A=\{x\mid x^2+x+1=0\}$ 与集合 $B=\{x\mid x<9$ 且 $x>12\}$ 的关系.

*4. 设全集 $U=\{1,2,3,4,5,6,7,8,9\}$,集合 $A=\{1,2,3,6\}$,集合 $B=\{3,4,5,6\}$,求 $\complement_U A\cap\complement_U B$.

*5. 设全集 $U=\mathbf{R}$,集合 $A=\{x\mid x\geqslant 4\}$,集合 $B=\{x\mid x<3\}$,求 $\complement_U A\cup B$.

第 2 章

不等式

不等式的相关知识及其所蕴含的数学思想方法是进一步学习数学的基础，不等式与很多知识都有密切的关系，运用不等式解题可以起到事半功倍的效果，同时可以培养创新思维能力.本章将在学习不等式的有关概念、性质的基础上，进一步学习一元二次不等式和含有绝对值的不等式的解法及其在实际问题中的应用，逐步提升数学运算、逻辑推理和数学抽象等核心素养.

本章内容的学业质量要求如下：

内容	质量描述	
	水平一	水平二
不等式	在熟悉的单一情境中： 1. 能用作差比较法判断两个数(式)的大小，知道不等式的基本性质； 2. 会在数轴上表示区间，能直观认识数轴上实数绝对值的几何意义； 3. 能求解含绝对值的不等式 $\|ax+b\|<c$ 和 $\|ax+b\|>c(c>0)$； 4. 会借助二次函数的图像和一元二次方程的根，求解一元二次不等式； 5. 会通过数学建模，解决与一元二次不等式有关的简单实际问题	在熟悉的关联情境中： 1. 达到水平一的 1—5； 2. 会运用不等式的性质进行简单的推理； 3. 能认识一元二次不等式与二次函数、一元二次方程之间的关系，并会根据三者之间的关系解决有关的数学问题

2.1 不等式的基本性质

【要点梳理】

1. 判断任意两个实数大小的等价条件：

$a-b>0\Leftrightarrow$______；　$a-b<0\Leftrightarrow$______；　______$\Leftrightarrow a=b$.

2. 作差比较法：比较两个实数的大小，可以转化为比较__________与________的大小.

3. 不等式的基本性质（完成表 2-1）：

表 2-1

性质	名称	条件	结论
性质 1			
性质 2			
性质 3			
性质 4			

4. 若 $a>b>0,c>d>0$，那么 ac______bd.

【典例解析】

例 1　若 $a>b$，比较 $2a-2$ 与 $2b-2$ 的大小.

分析　比较两个代数式的大小，可以使用“作差比较法”，即作两个代数式的差，通过比较此差与 0 的大小来比较两个代数式的大小.

解　$(2a-2)-(2b-2)=2(a-b)$.

因为 $a>b$，所以 $2(a-b)>0$，

所以，若 $a>b$，则 $2a-2>2b-2$.

归纳　使用“作差比较法”来比较两个代数式的大小，实质上是将比较两个式子的大小转化为比较两式之差与 0 的大小，即判定差式的符号问题，通常可以采用因式分解或配方的方法进行判断.

例 2　用符号“>”或“<”填空.

（1）$\frac{3}{5}\pi$__________$\frac{2}{3}\pi$；

（2）设 $a>b$，则 $a-2$____$b-2$，$a+3$____$b+2$，$-5a+1$____$-5b+1$.

分析　比较两个式子的大小还可以直接应用不等式的基本性质及推论.

解　（1）因为 $\frac{3}{5}=\frac{9}{15}<\frac{10}{15}=\frac{2}{3}$，而 $\pi>0$，所以 $\frac{3}{5}\pi<\frac{2}{3}\pi$，应用了不等式的乘法法则（性质 2）；

(2) 因为 $a>b$,所以 $a-2>b-2$,应用了不等式的加法法则(性质 1);

因为 $a>b$,$3>2$,所以 $a+3>b+2$,应用了同向不等式的可加性;

因为 $a>b$,$-5<0$,所以 $-5a<-5b$,应用了不等式的乘法法则(性质 2),

进而 $-5a+1<-5b+1$,应用了不等式的加法法则(性质 1).

注意 使用不等式的乘法法则即性质 2 时，如果同乘一个负数,不等号要改变方向.

有时,根据不等式的某一个性质,难以判断两个式子的大小，这就需要使用不等式的多个性质，分步进行比较.

【闯关训练】

2.1.1 实数的大小

一、用符号“>”或“<”填空.

1. $\frac{2}{5}$____$\frac{3}{5}$.　　2. $-\frac{3}{7}$____$-\frac{4}{7}$.　　3. π____3.14.

二、判断题.

1. 比较两个负数的大小,绝对值大的数就大.　(　　)

2. 因为 $a>b$,所以 $a^2>b^2$.　(　　)

3. 若 $1-2m<1-2n$,则 $m>n$.　(　　)

三、解答题.

1. 比较下列各对实数的大小.

(1) $\frac{4}{5}$与$\frac{3}{4}$;　　(2) $1\frac{3}{4}$与 1.83;

(3) $-\frac{2}{3}$与$-\frac{5}{8}$.

2. 若 $a>b$,比较 $3a+2$ 与 $3b+2$ 的大小.

3. 当 $a<b<0$ 时，比较 a^2b 与 ab^2 的大小.

4. 已知 $x>2$，比较 x^2 与 $4x-4$ 的大小.

*2.1.2 不等式的性质

一、用符号">"或"<"填空.

1. $\frac{2}{5}\pi$ ______ $\frac{3}{7}\pi$, $-\frac{2}{3}\pi$ ______ $-\frac{4}{5}\pi$.

2. 设 $a>b$,则 $a-3$ ____ $b-3$, $a+3$ ____ $b+\sqrt{7}$.

3. 设 $0<a<b$,则 $2a$ ____ $2b$, $-3a$ ____ $-3b$, $2-3a$ ____ $2-3b$.

4. 如果 $a>-3$ 且 $b<2$,那么 $(a+3)(b-2)$ ________ 0.

5. 如果 $a<b$,那么 $a(a-b)$ ________ $b(a-b)$.

二、选择题.

1. 已知 $a\leqslant b$,下列不等式成立的是(　　).

A. $a+1\geqslant b+1$　　B. $\frac{1}{2}a\leqslant\frac{1}{2}b$

C. $-2a<-2b$　　D. $\frac{a}{5}>\frac{b}{5}$

2. 若 $a\leqslant 0$ 且 $ab\leqslant 0$,则必有(　　).

A. $b<0$　　B. $b>0$　　C. $b\geqslant 0$　　D. $b\leqslant 0$

3. 下列结论正确的是(　　).

A. 若 $a>b$, $c>d$,则 $ac>bd$

B. 若 $ac>bc$,则 $a>b$

C. 若 $a>b$,则$\frac{1}{a}<\frac{1}{b}$

D. 若 $a>b$ 且 $c>d$,则 $a+c>b+d$

4. 下列结论错误的是(　　).

A. 若 $am^2<bm^2$,则 $a<b$　　B. 若 $a^2>a$,则 $a>1$

C. 若 $a+b>0$, $b<0$,则 $a-b>0$　　D. 若 $0<a<1$,则 $a^2<a$

三、解答题.

1. 当 x 为何值时,代数式 $2x+3$ 与 $x-2$ 的差不大于 1?

2. 解下列不等式.

(1) $2x-1\geqslant\frac{1-3x}{2}$;

(2) $2(3x-2)<5-3x$;

(3) 求证:若 $a>b$ 且 $ab>0$,则$\frac{1}{a}<\frac{1}{b}$.

【学海探津】

请同学们自主探究除了作差比较法,还有哪些常用的比较两个实数或代数式大小的方法?试一试比较 $5^5\times4^4$ 与 $5^4\times4^5$ 的大小.

2.2 区间

【要点梳理】

1. 区间是集合的一种表示方法，可以用来表示元素是________，且以________来表示元素的共同特征性质的数集.

2. 在表 2-2 中填写集合表示与数轴表示、区间表示的对应关系.

表 2-2

集合表示	数轴表示	区间表示
$\{x \mid a \leqslant x \leqslant b\}$		

		左闭右开区间 $[a,b)$
$\{x \mid a < x \leqslant b\}$		
	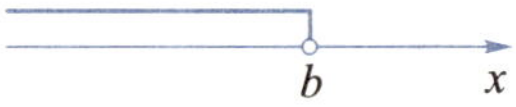	
$\{x \mid x \leqslant b\}$		
		$(a,+\infty)$
$\{x \mid x \geqslant a\}$		
$\mathbf{R}$		

3. 用区间表示集合的特点是________________________________.

【典例解析】

例 1 已知集合 $A=(-2,3)$，集合 $B=(-1,4]$，求 $A\cup B$，$A\cap B$.

分析 区间表示的集合进行运算时，需要先将该集合在数轴上正确表示出来，尤其要注意端点的取舍.

解 集合 A、B 的数轴表示如图 2-1 所示.

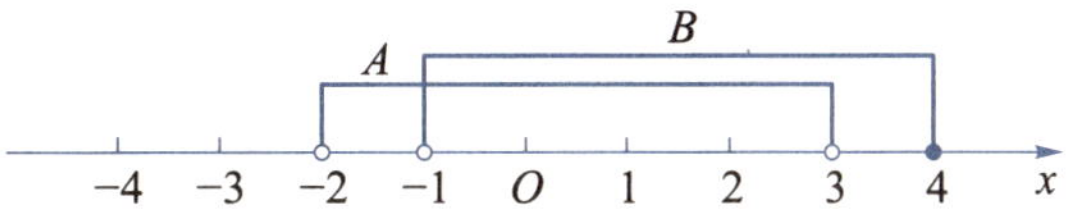

图 2-1

则 $A\cup B=(-2,4]$，　$A\cap B=(-1,3)$.

注意 交集是公共元素组成的集合，在数轴上是“双线部分”；并集是所有元素组成的集合，在数轴上是“有线部分”，既包括“双线部分”，也包括“单线部分”.

例 2 已知全集 $U=\mathbf{R}$，集合 $A=(-1,+\infty)$，集合 $B=(-2,3]$，求 $A\cup B$，$\complement A$，$B\cap\complement A$.

分析 $B\cap\complement A$ 是集合的混合运算，要先求 $\complement A$，再求其与集合 B 的交集.

解 集合 A、B 的数轴表示如图 2-2 所示.

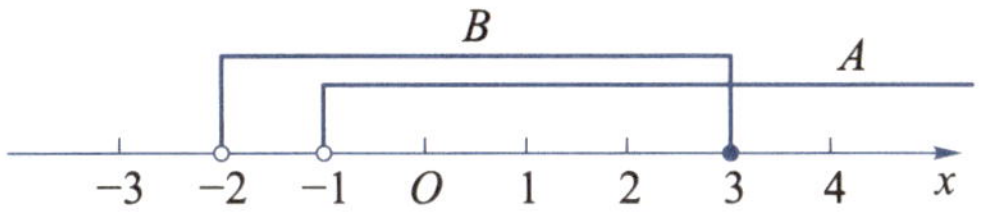

图 2-2

则 $A\cup B=(-2,+\infty)$，$\complement A=(-\infty,-1]$，$B\cap\complement A=(-2,-1]$.

注意 含有符号 $+\infty$、$-\infty$ 的区间在数轴上表示时，是开放式的，因而在用区间表示集合时，$+\infty$、$-\infty$ 处必须使用圆括号.

【闯关训练】

2.2 区　　间

一、完成表 2-3.

表 2-3

集合表示	区间表示	数轴表示
$\{x \mid -2 \leqslant x \leqslant 2\}$		
	$(-3,1)$	

	$(2,+\infty)$	

$\left\{x \middle\vert x<-\frac{1}{2} \text{或} x \geqslant 1\right\}$		

二、判断题.

1. 集合 $A=\{x \mid x \leqslant 1\}$ 可用区间表示为 $[1,-\infty)$. (　　)
2. 集合 $B=\{x \mid x>1\}$ 可用区间表示为 $(1,+\infty]$. (　　)
3. 设集合 $A=(-2,5)$,集合 $B=[-1,5)$,则 $A \cap B=B$. (　　)
4. 设全集为 $\mathbf{R}$,集合 $A=(-\infty,0)$,则 $\complement A=(0,+\infty)$. (　　)

三、填空题.

1. 已知集合 $A=(-1,2]$,集合 $B=[1,3)$,则 $A \cup B=$__________,$A \cap B=$__________.
2. 已知集合 $A=[-3,4]$,集合 $B=(-1,+\infty)$,则 $A \cup B=$__________,$A \cap B=$__________.
3. 设全集为 $\mathbf{R}$,已知集合 $A=(-1,+\infty)$,则 $\complement A=$__________.

四、解答题.

1. 解不等式$\frac{3x-5}{2}>5x+1$,并用区间表示解集.

2. 解不等式组$\begin{cases}5+2x>1,\\3-x\geqslant 2\end{cases}$,并用区间表示解集.

*3. 设全集为 $\mathbf{R}$,集合 $A=[-1,5)$,集合 $B=(2,+\infty)$,求:① $\complement A$,$\complement B$;② $A\cap\complement B$.

【学海探津】

某市居民阶梯电价共分三挡:

第一挡:居民户月用电量不超过 180 度,电价每度 0.52 元;第二挡:居民户月用电量 180 度以上但不超过 280 度,在第一挡电价基础上每度提高 0.05 元;第三挡:居民户月用电量 280 度以上,在第一挡电价基础上每度提高 0.30 元.

请用区间表示该市居民阶梯电价中的三挡用电量范围和电费.

2.3 一元二次不等式

【要点梳理】

1. 一元二次不等式的定义：含有______个未知数，并且未知数的最高次数为______的不等式，称为一元二次不等式.其一般形式为______________________________________.

2. 一元二次不等式和相应的一元二次方程的解集见表 2-4.（其中 $a>0$，$\Delta=b^2-4ac$，$x_1<x_2$）

表 2-4

函数、方程或不等式	解集或简图		
	$\Delta>0$	$\Delta=0$	$\Delta<0$
方程 $ax^2+bx+c=0$			
函数 $y=ax^2+bx+c$ 的简图			
$ax^2+bx+c>0$			
$ax^2+bx+c\geqslant 0$			
$ax^2+bx+c<0$			
$ax^2+bx+c\leqslant 0$			

【典例解析】

例 1 解不等式 $-x^2+5x>6$.

分析 用"图像法"解一元二次不等式，首先要把不等式化为一般形式且使二次项系数大于 0.

解 不等式 $-x^2+5x>6$，化为一般形式为 $-x^2+5x-6>0$，二次项系数 $a=-1<0$；

将不等式两边同乘 -1，得 $x^2-5x+6<0$，解方程 $x^2-5x+6=0$，得 $x_1=2$，$x_2=3$；

画出函数 $y=x^2-5x+6$ 的简图，如图 2-3 所示.

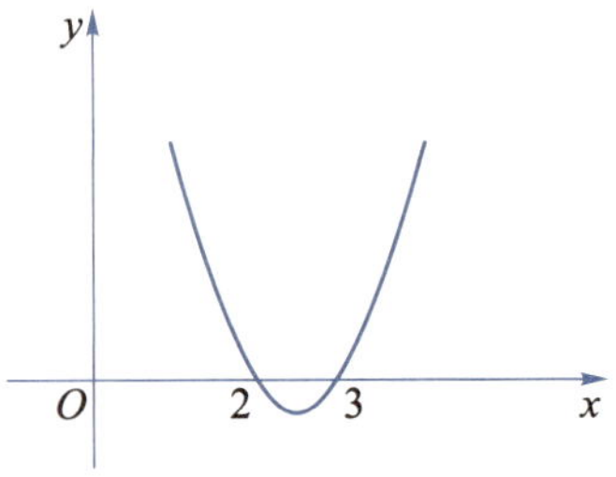

图 2-3

所以，不等式 $x^2-5x+6<0$ 的解集为 $(2,3)$.

即不等式 $-x^2+5x>6$ 的解集为 $(2,3)$.

归纳 用“图像法”解一元二次不等式时，第一步，将不等式化为一般形式，并判断二次项系数 a 是否为正数，如果不是，那么将不等式两边同时乘 -1（注意不等号方向要改变）；第二步，判断对应方程解的情况，如果有解，求出方程的解；第三步，依据方程解的情况，画出对应的二次函数的简图（开口向上）；第四步，观察函数的图像，得出不等式的解集.

例 2 x 是什么实数时，$\sqrt{x^2-2x+3}$ 有意义？

分析 因为负数不能开平方，所以要使 $\sqrt{x^2-2x+3}$ 有意义，必须满足 $x^2-2x+3\geqslant 0$，只需解此一元二次不等式，即可得到实数 x 的取值范围.

解 若使 $\sqrt{x^2-2x+3}$ 有意义，必须满足 $x^2-2x+3\geqslant 0$. 解方程 $x^2-2x+3=0$，因为 $\Delta=(-2)^2-4\times1\times3=-8<0$，所以方程 $x^2-2x+3=0$ 没有实数解.

画出函数 $y=x^2-2x+3$ 的简图，如图 2-4 所示，由图可知，不等式 $x^2-2x+3\geqslant 0$ 的解集为 $(-\infty,+\infty)$，即 x 取任意实数时，$\sqrt{x^2-2x+3}$ 均有意义.

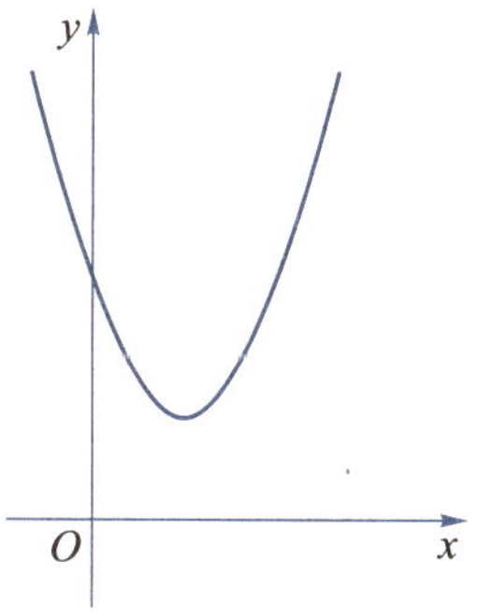

图 2-4

注意 偶次根式要有意义，必须满足被开方数大于等于零，此题为后面求函数的定义域奠定基础；此外，方程无实数解，不代表不等式的解集是空集，要画出相应图像后具体分析.

【闯关训练】

2.3 一元二次不等式

一、填空题.

1. 方程$(x-1)(x+2)=0$的解为________，则不等式$(x-1)(x+2)\leqslant 0$的解集为________，不等式$(x-1)(x+2)>0$的解集为________.

2. 方程$x^2-4=0$的解为________，则不等式$x^2-4<0$的解集为________，不等式$x^2-4\geqslant 0$的解集为________.

3. 方程$x^2-2x-3=0$的解为________，则不等式$x^2-2x-3<0$的解集为________，不等式$x^2-2x-3>0$的解集为________.

4. 解不等式$4-3x-x^2>0$，需要先将不等式变形为________，然后得到相应方程的根是________，最后得到不等式的解集是________.

5. 设集合$A=\{x \mid (x-2)(x-3)\leqslant 0\}$，集合$B=\{x \mid x-m<0\}$，如果$A\cap B=\varnothing$，则实数$m$的取值范围是________.

二、选择题.

1. 不等式$x^2\leqslant 2$的解集是(　　).

A. $[\sqrt{2},+\infty)$　　B. $(-\infty,-\sqrt{2}]$

C. $[-\sqrt{2},\sqrt{2}]$　　D. $(-\infty,-\sqrt{2}]\cup[\sqrt{2},+\infty)$

2. 不等式$(x+1)x>0$的解集是(　　).

A. $(-1,+\infty)$　　B. $(-\infty,1)$

C. $(-\infty,-1)\cup(0,+\infty)$　　D. $\mathbf{R}$

3. 不等式$2x^2+x+6\geqslant 0$的解集是(　　).

A. $[1,+\infty)$　　B. $[3,+\infty)$

C. $\varnothing$　　D. $\mathbf{R}$

三、解答题.

1. 解下列不等式.

(1) $5x-3x^2-2<0$;　　(2) $-x^2+6\geqslant x$;

(3) $4x^2-4x+1>0$;

(4) $10-6x+x^2\leqslant 0$.

2. x 是什么实数时,代数式$\sqrt{2x^2-x-3}$有意义?

*3. m 是什么实数时,方程 $x^2-(m+2)x+4=0$ 有实数解?

【学海探津】

某职业学校电商专业学生李强，毕业之后响应国家政策回乡自主创业，开办网店，经营家乡的土特产，前期成本包括消费者保障服务保证金约1 000元，购买相机约500元，运营和推广费约500元，营业后每月库房的房租和水电费等成本约1 000元.已知土特产的进货单价为8元，开店优惠，每件定价为10元，若想第一个月(30天)就盈利，每天至少要销售多少件商品？

假设第一个月，李强刚好做到收支平衡.从第二个月起，他打算逐步恢复正常售价，而每件售价提高1元，销售量就要减少10件，那么每件定价为多少元时，才能使得月利润超过2 000元？

2.4 含绝对值的不等式

【要点梳理】

1. 绝对值的定义：对任意实数 x，有 $|x|=\begin{cases}x,x>0\\0,x=0\\-x,x<0\end{cases}$，即正数的绝对值是______，负数的绝对值是它的________数，0 的绝对值是____.

2. 绝对值的几何意义：数轴上表示实数 x 的点______________.

3. 不等式 $|x|<a$ 和 $|x|>a(a>0)$ 的解集：不等式 $|x|<a(a>0)$ 的解集是____________；不等式 $|x|>a(a>0)$ 的解集是____________.这个结论可以利用口诀“________取两边，小于取________”来帮助记忆.

4. 形如 $|ax+b|<c$ 或 $|ax+b|>c(c>0)$ 的不等式的求解：可以采用__________的方法，即先设 $m=$________，就可将原不等式化为________________，先解得 m 的范围，再利用不等式的性质解一元一次不等式，最后求得 x 的范围.

【典例解析】

例 1 解不等式 $2|x|-1\leqslant 3$.

分析 解此不等式，需要先利用不等式的性质将其化为 $|x|\leqslant a(a>0)$，再求解.

解 由不等式 $2|x|-1\leqslant 3$，得 $|x|\leqslant 2$，所以，原不等式的解集为 $[-2,2]$.

归纳 关于 $|x|$ 的一次不等式，均可以利用不等式的性质化为 $|x|<a$ 或 $|x|>a(a>0)$，再根据口诀“大于取两边，小于取中间”，直接写出解集即可.

例 2 解不等式 $|5-2x|\geqslant 3$.

分析 形如 $|ax+b|<c$ 或 $|ax+b|>c(c>0)$ 的不等式，可以通过“变量替换”的方法求解.可以省略变量替换的书写过程.

解 原不等式可以化为 $|2x-5|\geqslant 3$，可得 $2x-5\leqslant -3$ 或 $2x-5\geqslant 3$，

解得
$$x\leqslant 1 \text{ 或 } x\geqslant 4,$$

所以，原不等式的解集为 $(-\infty,1]\cup[4,+\infty)$.

注意 因为 $|-x|=|x|$，所以，当绝对值符号里面的 x 的系数为负数时，可以先将绝对值里面的代数式乘 -1，使 x 的系数化为正数，为下一步计算做准备；通过“变量替换”的方法将形如 $|ax+b|<c$ 或 $|ax+b|>c(c>0)$ 的不等式转化为两个一次不等式再去求解.要注意应根据“大于取两边，小于取中间”的口诀规律，来确定对两个一次不等式的解集求并集还是求交集，“取两边”是并集，“取中间”是公共部分，是交集，通常以连接不等式的形式直接求解.

【闯关训练】

2.4 含绝对值的不等式

一、填空题.

1. 不等式 $|x|<3$ 的解集是____________________.

2. 不等式 $|x|\geqslant 2$ 的解集是____________________.

3. 不等式 $|x-1|>-1$ 的解集是____________________.

4. 不等式 $|x+4|\leqslant 0$ 的解集是____________________.

二、选择题.

1. 不等式 $2|x|-1\leqslant 2$ 的解集是(　　).

A. $[2,+\infty)$　　B. $\left(-\infty,-\dfrac{3}{2}\right]$

C. $\left[-\dfrac{3}{2},\dfrac{3}{2}\right]$　　D. $\left(-\infty,-\dfrac{3}{2}\right]\cup\left[\dfrac{3}{2},+\infty\right)$

2. 不等式 $|-2x|>4$ 的解集是(　　).

A. $(-2,2)$　　B. $(-\infty,2)$

C. $\mathbf{R}$　　D. $(-\infty,-2)\cup(2,+\infty)$

3. 不等式 $|3x+4|\geqslant 1$ 的解集是(　　).

A. $(-\infty,1]\cup\left[\dfrac{5}{3},+\infty\right)$　　B. $\left(-\infty,-\dfrac{5}{3}\right]\cup[-1,+\infty)$

C. $\left[1,\dfrac{5}{3}\right]$　　D. $\left[-\dfrac{5}{3},-1\right]$

4. 不等式 $|3-2x|<1$ 的解集是(　　).

A. $(-\infty,1]\cup[2,+\infty)$　　B. $(-\infty,-2)\cup(-1,+\infty)$

C. $(1,2)$　　D. $(-2,-1)$

三、解下列不等式.

1. $1-|3x|<0$.

2. $1+|-4x|\leqslant 2$.

3. $|5x-3|\geqslant 1$.

4. $|1-2x|<2$.

5. $2\geqslant|3-3x|$.

6. $1-\frac{|4+3x|}{3}<0$.

【学海探津】

解含绝对值的不等式的思路就是利用绝对值的含义将其化为不含绝对值的不等式求解，试一试，你能求解不等式$|x-1|+|x-3|<5$吗？

2.5 不等式应用举例

【典例解析】

例 1 若关于 x 的一元二次方程 $x^2+2mx+2+m=0$ 有两个相异的实数解,则实数 m 的取值范围是(　　).

A. $(-\infty,-1)\cup(2,+\infty)$　　B. $(-\infty,1-\sqrt{3})\cup(1+\sqrt{3},+\infty)$

C. $(-\infty,-2)\cup(1,+\infty)$　　D. $(-1,2)$

分析 一元二次方程有两个相异的实数解,说明判别式大于零.

解 由题意可得 $\Delta=(2m)^2-4(2+m)>0$,即 $4m^2-4m-8>0$,

化简得 $m^2-m-2>0$,即 $(m+1)(m-2)>0$,

解得 $m<-1$ 或 $m>2$,

所以 m 的取值范围是 $(-\infty,-1)\cup(2,+\infty)$.

归纳 一元二次方程的实数解的情况有三种:两个相异的实数解,$\Delta>0$;两个相等的实数解,$\Delta=0$;没有实数解,$\Delta<0$.如果有实数解,则包括前两种情况.根据题意列出不等式,如果是一元二次不等式,则注意按照图像法的解题步骤求解.

例 2 某校学生毕业后创业,开网店销售某种服装,月销量 x(件)与售价 P(元/件)之间的关系为 $P=160-2x$,进货 x 件的成本 $R=500+30x$(元).

(1) 当该种服装的月销量为多少时,每月获得的利润不少于 1 300 元?

(2) 当该种服装的月销量为多少时,每月可获得最大利润?最大利润是多少?

分析 此题利润与销售量之间的关系为:利润=售价×销量-成本,由此列出函数关系式,根据问题可以列出相应的一元二次不等式,求解即可.

解 (1) 设该种服装每月获得的利润为 y,

则 $y=(160-2x)x-(500+30x)=-2x^2+130x-500$, $0<x<80$

由题意,得 $y\geqslant 1\,300$,

则 $-2x^2+130x-500\geqslant 1\,300$,

即 $2x^2-130x+1\,800\leqslant 0$,

解得 $20\leqslant x\leqslant 45$.

所以，当月销量在20~45(含20和45)件之间时，每月获得的利润不少于1 300元.

(2) 由(1)知，$y=-2\left(x-\frac{65}{2}\right)^2+1\ 612.5$，$x\in\mathbf{N}^*$，

因此，当$x=32$或33时，y取得最大值，最大值为1 612，

所以，当月销量为32或33件时，每月可获得最大利润1 612元.

注意 求解实际应用问题不同于解纯数学问题，首先要了解实际问题的背景，读懂题，根据实际情况，分析出问题中各量之间的关系；然后设变量，列出关系式；最后应用我们学到的数学知识正确求解.

【闯关训练】

2.5　不等式应用举例

一、选择题.

1. 某高校对美术专业学生划定录取分数线，专业成绩 x 超过 267 分，文化课总成绩 y 不低于 334 分，用不等式组可表示为(　　).

A. $\begin{cases} x \geqslant 267, \\ y \geqslant 334 \end{cases}$　　B. $\begin{cases} x > 267, \\ y \geqslant 334 \end{cases}$

C. $\begin{cases} x > 267, \\ y \leqslant 334 \end{cases}$　　D. $\begin{cases} x < 267, \\ y \geqslant 334 \end{cases}$

2. 小王准备用自己节省的零花钱为妈妈买一件礼物，他现在已存 80 元，计划从现在起以后每个月节省 20 元，直到他至少有 200 元.设 x 个月后他能存够，则 x 满足的不等式是(　　).

A. $20x-80 \geqslant 200$　　B. $20x+80 \geqslant 200$

C. $20x-80 \leqslant 200$　　D. $20x+80 \leqslant 200$

3. 使得式子$\dfrac{1}{\sqrt{7-6x-x^2}}$有意义的 x 的取值范围是(　　).

A. $[-7,1]$　　B. $(-\infty,-7) \cup (1,+\infty)$

C. $(-\infty,-7] \cup [1,+\infty)$　　D. $(-7,1)$

*4. 若关于 x 的方程 $x^2-nx+2n=0$ 有实数解，则实数 n 的取值范围是(　　).

A. $(-\infty,0] \cup [8,+\infty)$　　B. $[0,8]$

C. $(-\infty,0] \cup [4,+\infty)$　　D. $(0,4)$

二、填空题.

1. 限速 40 km/h 的路标指示司机在前方路段行驶时，应使汽车的速度 v 不超过 40 km/h，写成不等式为________________.

2. 数轴上，M 点对应实数 2，P 点对应实数 x，若 P、M 两点的距离不小于 5，则实数 x 的取值范围为________________.

三、解答题.

1. 现有含 NaCl 7%的 NaCl 溶液 200 g，实验室需要含 NaCl 5%以上、6%以下的 NaCl 溶液，需要加入含 NaCl 4%的 NaCl 溶液进行勾兑，求需加入含 NaCl 4%的 NaCl 溶液的质量 x 的取值范围.

*2. 校园内有一块长 400 m、宽 300 m 的长方形空地，现要对其进行绿化，规划中间做一个长方形花坛，四周种草坪（草坪带的宽度相同），若要求花坛的面积不小于空地总面积的一半，求草坪带宽度的范围.

*3. 某商场若将进货单价为 8 元的商品按每件 10 元出售，每天可销售 100 件，现准备采用提高售价的方式来增加利润.已知这种商品如果每件售价提高 1 元，销售量就要减少 10 件.那么，要保证每天所赚的利润在 320 元以上，售价应定为多少？

【学海探津】

某班学生计划包车去博物馆参观.甲车队说:“如果领队买一张全票,其余人可享受7.5折优惠.”乙车队说:“你们属于团体票,按原价的8折优惠.”这两个车队的原价、车型都是一样的.若该班参加活动的学生有n人($n\in\mathbf{N}^*$),全票价为a元,坐甲车需花费y_1元,坐乙车需花费y_2元.试根据参观人数比较两车队的收费情况.

第 2 章自我检测

一、选择题.

1. 已知集合 $A=[-3,2]$，集合 $B=(-2,+\infty)$，则（　　）.

A. $A\cup B=(-2,2]$

B. $A\cap B=[-2,2]$

C. $\complement B=(-\infty,-2)$

D. $A\cup B=[-3,+\infty)$

2. 不等式 $4x(x-3)>0$ 的解集是（　　）.

A. $(0,3)$

B. $\left(\frac{1}{4},3\right)$

C. $(-\infty,0)\cup(3,+\infty)$

D. $\left(-\infty,\frac{1}{4}\right)\cup(3,+\infty)$

3. 不等式 $x^2\leqslant 4$ 的解集是（　　）.

A. $[2,+\infty)$

B. $(-\infty,\pm 2]$

C. $[-2,2]$

D. $(-\infty,-2]\cup[2,+\infty)$

4. 不等式$\frac{1}{4}x^2-x+1>0$ 的解集是（　　）.

A. $\left\{\frac{1}{2}\right\}$

B. $\varnothing$

C. $(-\infty,2)\cup(2,+\infty)$

D. $\mathbf{R}$

5. 不等式 $1-|2x|\leqslant -1$ 的解集是（　　）.

A. $\left(-\infty,\frac{1}{3}\right]\cup[1,+\infty)$

B. $(-\infty,-1]\cup[1,+\infty)$

C. $\left[\frac{1}{3},1\right]$

D. $[-1,1]$

6. 不等式 $|3x-2|>1$ 的解集是（　　）.

A. $\left(-\infty,\frac{1}{3}\right)\cup(1,+\infty)$

B. $(-\infty,-1]\cup\left[-\frac{1}{3},+\infty\right)$

C. $\left[\frac{1}{3},1\right]$

D. $\left[-\frac{1}{3},-1\right]$

7. 不等式 $|1-2x|<5$ 的解集是（　　）.

A. $(-2,3)$

B. $(-\infty,3)\cup(-2,+\infty)$

C. $(3,-2)$

D. $(-\infty,-2)\cup(3,+\infty)$

*8. 若关于 x 的方程 $x^2+2mx+3m-2=0$ 无实数解，则实数 m 的取值范围是(   ).

A. $(-\infty,1]\cup[2,+\infty)$　　B. $(-\infty,1)\cup(2,+\infty)$

C. $(-\infty,-2]\cup[1,+\infty)$　　D. $(1,2)$

*9. 下列结论正确的是(   ).

A. 若 $a>b$ 且 $c>d$，则 $a-c>b-d$

B. 若 $ac<bc$，则 $a>b$

C. 若 $a>b$，则 $ac^2>bc^2$

D. 若 $a>b>0,c>d>0$，则 $ac>bd$

*10. 学校计划在靠墙的位置围出一块长方形的花坛，目前有可以垒出 24 m 围栏的材料，要使得花圃的面积不小于 70 m^2，与墙垂直的围栏的长度范围是(   )m.

A. $[7,10]$　　B. $(10,14)$

C. $[4,6]$　　D. $[5,7]$

二、填空题.

1. 用符号“>”或“<”填空.

(1) $-\frac{3}{4}\pi$ ____ $-\frac{4}{5}\pi$；

(2) 设 $a>b$，则 $a+3$ ____ $b+\sqrt{7}$；

(3) 如果 $a>b$，那么 $a(a-b)$ ________ $b(a-b)$.

2. 要使代数式 $\sqrt{x^2-2x-3}$ 有意义，实数 x 的取值范围是________.

3. 不等式 $-2x^2-1<x$ 的解集是________.

4. 不等式 $|3-2x|>1$ 的解集是________.

5. 数轴上的 P 点对应实数 3，M 点对应实数 x，若 P、M 两点之间的距离不超过 2，则实数 x 的取值范围是________.

6. 某工厂需要加工一批长度为 4.3 cm 的机器零件，要求每个零件的长度的绝对误差不得超过 0.1 mm，则加工完成的零件的长度 l 的允许范围是________cm.

三、解答题.

1. 已知 $x<3$，比较 x^2+9 与 $6x$ 的大小.

2. 已知集合 $M=\{x\mid x^2-3x-28\leqslant 0\}$，集合 $P=\{x\mid |2x-3|>5\}$，求 $M\cap P$.

*3. 关于 x 的一元二次不等式 $kx^2+2x+k>0$ 的解集为 $\mathbf{R}$，求实数 k 的取值范围.

*4. 某企业上年度生产某型号破壁机的投入成本为 250 元/台，出厂价为 300 元/台，年销售量为 2 000 台.为适应市场需求，本年度计划提高产品档次，适度增加投入成本.若每台破壁机投入成本增加的比例为 $x(0<x<1)$，则出厂价相应的提高比例为 $0.75x$，同时预计年销售量增加的比例为 $0.6x$.已知年利润=(出厂价−投入成本)×年销售量.

（1）写出本年度预计的年利润 y 与投入成本增加的比例 x 的关系式；

（2）为使本年度的年利润比上年度有所增加，问投入成本增加的比例 x 应在什么范围内？

第3章

函数

函数是刻画变量之间对应关系的数学模型和工具.本章将在初中知识的基础上,通过具体实例学习用集合语言和对应关系刻画函数概念,用不同的表示方法加深对函数概念的理解,用精准的符号语言刻画函数的性质,用不同的函数模型解决生产生活中的实际问题,逐步提升直观想象、逻辑推理、数学抽象和数学建模等核心素养.

本章内容的学业质量要求如下:

内容	质量描述	
	水平一	水平二
函数	在熟悉的单一情境中: 1. 能体会变量之间对应关系的抽象过程,会用集合语言描述函数及有关概念; 2. 会求函数的定义域,会根据对应法则求函数值; 3. 会运用恰当的方法(解析法、列表法、图像法)表示函数; 4. 会借助函数图像判断函数的单调性和奇偶性; 5. 能通过数学建模,解决简单的与分段函数有关的实际问题	在熟悉的关联情境中: 1. 达到水平一的1—5; 2. 会用定义证明函数的单调性和奇偶性; 3. 会用函数的单调性和奇偶性描述函数的图像特征,对函数的性质进行推理和证明; 4. 能通过数学建模,解决与二次函数有关的实际问题

3.1 函数的概念

【要点梳理】

1. 函数的概念:一般地,设 D 是______数集,对于 D 中的______ x,按照某个确定的对应法则 f,都有________的值 y 与它对应,那么就称______为______的函数,记作________________.其中,x 称为__________,x 的取值范围 D 称为函数的________. 当 $x_0\in D$ 时,与______相对应

的值______称为函数在点______处的函数值，记作__________.函数值的集合____________称为函数的________.

2. 函数的两个要素：__________和__________，两者一旦确定，函数的值域也就确定了.因此，__________与__________都相同的函数是同一个函数.

3. 函数的定义域：函数的定义域通常由问题的实际背景确定.若函数的对应法则是用代数式表示的，那么函数的定义域就是使这个代数式________的________的取值的集合.

【典例解析】

例1 已知函数 $f(x)=\sqrt{x+3}+\frac{1}{x+2}$.

(1) 求函数的定义域；

(2) 求 $f(-3)$、$f(6)$ 的值；

(3) 若 $a>0$，求 $f(a)$ 的值.

分析 若函数的对应法则是用代数式表示的，那么函数的定义域就是使这个代数式有意义的自变量取值的集合，即根式和分式同时有意义.

解 (1) 要使函数有意义，需要满足 $x+3\geqslant 0$，同时 $x+2\neq 0$. 所以，函数的定义域是 $\{x\mid x+3\geqslant 0\}\cap\{x\mid x\neq -2\}=\{x\mid x\geqslant -3 \text{ 且 } x\neq -2\}$.

(2) $f(-3)=\sqrt{-3+3}+\frac{1}{-3+2}=-1$,

$$f(6)=\sqrt{6+3}+\frac{1}{6+2}=3+\frac{1}{8}=\frac{25}{8}.$$

(3) 因为 $a>0$，所以 $f(a)$ 有意义.$f(a)=\sqrt{a+3}+\frac{1}{a+2}$.

归纳 求函数定义域的常用方法：

(1) 若 $f(x)$ 是分式，则应考虑使分母不为零.

(2) 若 $f(x)$ 是偶次根式，则被开方数大于或等于零.

(3) 若使 $f(x)$ 有意义的条件不止一个，则函数的定义域是几个部分定义域的交集.

(4) 若 $f(x)$ 的解析式来源于实际问题，则定义域通常由问题的实际背景确定.

例2 下列函数是否与函数 $y=x(x\in\mathbf{R})$ 表示同一个函数？

(1) $y=(\sqrt{x})^2$； (2) $y=\sqrt{x^2}$； (3) $y=\frac{x^2}{x}$； (4) $y=\sqrt[3]{x^3}$.

分析 根据函数的定义可知，定义域与对应法则是函数的两个要素，它们一旦确定，函数的值域也就随之确定，因此，与函数 $y=x$ 的定义域、对应法则都相同的函数是同一个函数.

解 （1）函数 $y=(\sqrt{x})^2=x$，其中 $x\geqslant 0$，虽然与函数 $y=x(x\in\mathbf{R})$ 的对应法则相同，但它们的定义域不同，所以这两个函数不相同.

（2）函数 $y=\sqrt{x^2}=|x|$，虽然与函数 $y=x$ 的定义域相同，都是实数集 $\mathbf{R}$，但对应法则不同，所以这两个函数不相同.

（3）函数 $y=\frac{x^2}{x}=x$，虽然与函数 $y=x$ 的对应法则相同，但它的定义域是 $\{x\mid x\neq 0\}$，所以这两个函数不相同.

（4）$y=\sqrt[3]{x^3}=x$，这个函数与函数 $y=x(x\in\mathbf{R})$ 的定义域相同，都是实数集 $\mathbf{R}$，并且对应法则也相同，所以这两个函数相同.

归纳 判断两个函数是否为同一个函数，一定要确立定义域优先的原则.

（1）先看定义域，若定义域不同，则一定不是同一个函数；

（2）若定义域相同，再化简函数的解析式，若对应法则也相同，则是同一个函数.

【闯关训练】

3.1 函数的概念

一、填空题.

1. 函数 $f(x)=\dfrac{2}{x-3}$ 的定义域是__________________.

2. 函数 $f(x)=x^2$ 的值域是__________________.

3. 函数 $f(x)=2x-3, x\in\{0,1,2,3\}$，则函数的值域是__________________.

二、选择题.

1. 已知函数 $f(x)=x^2+1$，则 $f(-1)=$ (　　).

A. 0　　B. 1　　C. 2　　D. 3

2. 函数 $y=\dfrac{\sqrt{1-x}}{x}$ 的定义域是(　　).

A. $(-\infty,-1)$　　B. $(-\infty,-1]$

C. $[-1,0)\cup(0,+\infty)$　　D. $(-\infty,0)\cup(0,1]$

3. 函数 $f(x)=ax+b$，且 $f(0)=-2, f(3)=4$，则 $f(2)=$ (　　).

A. 6　　B. 2　　C. 1　　D. 0

三、判断题.

1. 函数的定义域和对应法则确定后，函数的值域也就确定了.　(　　)

2. 函数的定义域是一个非空数集.　(　　)

3. 函数的值域可以是空集.　(　　)

四、解答题.

1. 求下列函数的定义域.

(1) $y=2+\dfrac{3}{x-2}$；　　(2) $y=\sqrt{3-x}+\dfrac{1}{x-1}$.

2. 已知函数 $f(x)=3x^2+2x$,求:

(1) $f(2)$、$f(-2)$、$f(2)+f(-2)$的值;

(2) $f(a)$、$f(-a)$、$f(a)+f(-a)$的值.

【学海探津】

在一个展示人脑记忆力的节目中,一位参加节目的选手能将圆周率 π(图 3-1)准确记忆到小数点后 200 位,更为神奇的是,当主持人说出小数点后面的位数时,这位选手能准确地说出该数位上的数字.

(1) 设圆周率 π 小数点后第 n 位上的数字为 y,那么,你认为 y 是 n 的函数吗?

(2) 如果是,请写出函数的定义域和值域;若不是,请说明理由.

图 3-1

3.2 函数的表示方法

【要点梳理】

1. 函数的表示方法通常有________、________、________.

2. 解析法的定义:____.

解析法的优点:一是简明、全面地概括了变量之间的关系;二是可以通过解析式求出任意一个自变量的值所对应的函数值.

3. 列表法的定义:__________________________________.

列表法的优点:不需要计算就可以直接看出与自变量的值相对应的函数值.

4. 图像法的定义:__________________________________.

图像法的优点:能直观形象地表示出自变量变化时,相应的函数值变化的趋势.

5. 分段函数:当自变量在__________取值时,需要用不同的__________来表示.

分段函数的定义域是自变量的各段不同取值范围集合的________,值域是自变量在各段不同取值范围的函数值集合的________.分段函数在整个定义域上仍然是______函数,而不是几个函数.

当求分段函数的函数值 $f(x_0)$ 时,首先要判断 x_0 所属的________,然后再将 x_0 代入相应的________中进行计算.

作分段函数的图像时,分别在____________________内,根据____________,作出相应部分的图像.

在生产生活中,有很多问题是需要用分段函数描述的,如出租车费、阶梯电(水)费.

【典例解析】

例 1 某种瓶装矿泉水的单价是 2 元,买 $x(x\in\{1,2,3,4,5,6\})$ 瓶需要 y 元,试用函数的三种表示法表示函数 $y=f(x)$.

分析 这道题重在考查面对实际情境时,能否根据需要正确表示函数.特别注意:函数的定义域不是连续的数的集合,而是 6 个正整数的集合.

解 这个函数的定义域是数集 $\{1,2,3,4,5,6\}$.

所以用解析法可将函数 $y=f(x)$ 表示为:$y=2x, x\in\{1,2,3,4,5,6\}$.

用列表法可将函数 $y=f(x)$ 表示为表 3-1.

表 3-1

矿泉水瓶数 x	1	2	3	4	5	6
金额 y/元	2	4	6	8	10	12

用图像法可将函数 $y=f(x)$ 表示为图 3-2.

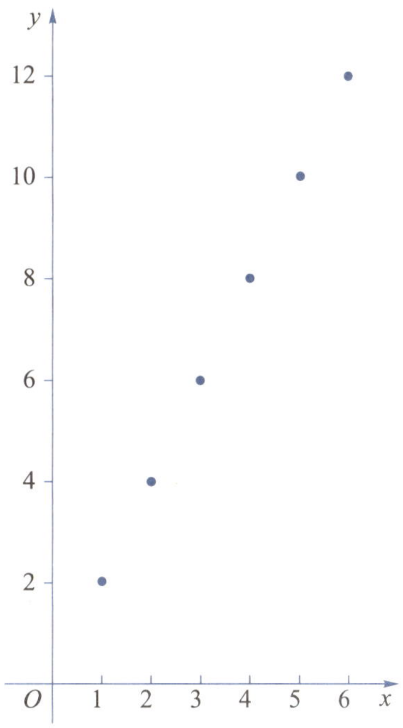

图 3-2

注意 函数的三种表示方法都有各自的优缺点，不是所有的函数都可以同时用这三种方法来表示，遇到实际问题时，应选择合适的方法来表示函数.

函数图像既可以是连续的曲线，也可以是直线、折线、离散的点等；不论用何种方法表示函数，都要确立定义域优先的原则.

例 2 某市公共汽车的票价按下列规则制订：

(1) 5 km 以内(含 5 km)，票价 2 元；

(2) 5 km 以上，每增加 5 km，票价增加 1 元(每增加的里程数不足 5 km 时按 5 km 计算).

如果某条线路的总里程为 20 km，根据题意，写出票价与里程之间的函数解析式，并画出函数的图像.

分析 这道题的特点是：当自变量(行驶里程)在不同范围取值时，对应的票价不同，即有不同的对应法则,需要用不同的解析式来表示,这样的函数称为分段函数.

解　设票价为 y 元,里程为 x km,由题意可知,自变量 x 的取值范围是 $(0,20]$.

由公共汽车票价的制订规则,可得到以下函数解析式:

$$y=\begin{cases}2, & 0<x\leqslant 5,\\ 3, & 5<x\leqslant 10,\\ 4, & 10<x\leqslant 15,\\ 5, & 15<x\leqslant 20.\end{cases}$$

根据这个函数解析式,可画出函数图像,如图 3-3 所示.

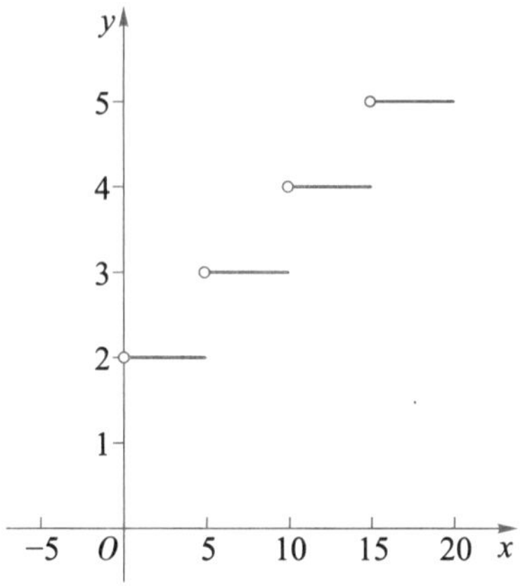

图 3-3

归纳　像本例这样的函数称为分段函数.

【闯关训练】

3.2　函数的表示方法

一、填空题.

1. 函数 $y=5x, x\in\{1,2,3,4,5\}$ 的值域为____________.

2. 已知函数 $f(x)=\begin{cases}2, & -1\leqslant x\leqslant 0,\\ x+2, & 0<x<2,\\ 4, & x\geqslant 2,\end{cases}$ 则 $f(3)=$______.

3. 请根据表 3-2 写出函数 $y=f(x)$ 的解析式______________.

表 3-2

x	4	9	16	25	36
y	1	2	3	4	5

4. 已知函数 $f(x)=\begin{cases}2x-2, x\geqslant 1,\\ x^2+1, x<1.\end{cases}$ 若 $f(x)=10$，则 $x=$__________.

二、选择题.

1. 下列函数的图像是一条直线的是（　　）.

A. $y=1-x$　　　　B. $y=x^2+1$

C. $y=\dfrac{1}{x}$　　　　D. $y=1-x, x\in\{-1,0,1,2\}$

2. 下列各点中，在函数 $y=1-2x^2$ 的图像上的是（　　）.

A. $M_1(-1,3)$　　　　B. $M_2(-1,-1)$

C. $M_3(-1,1)$　　　　D. $M_4(-1,0)$

3. 函数 $f(x)=\begin{cases}-1, & x<0,\\ 0, & x=0,\\ 1, & x>0\end{cases}$ 的大致图像是图 3-4 中的（　　）.

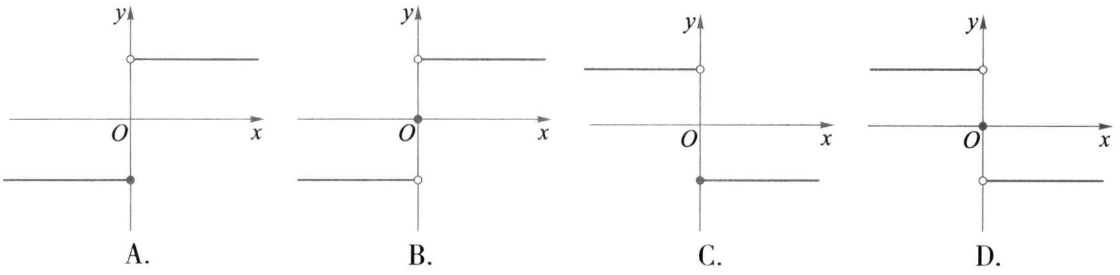

图 3-4

4. 根据图 3-5 所示四个函数的图像特征,下列说法正确的是(　　).

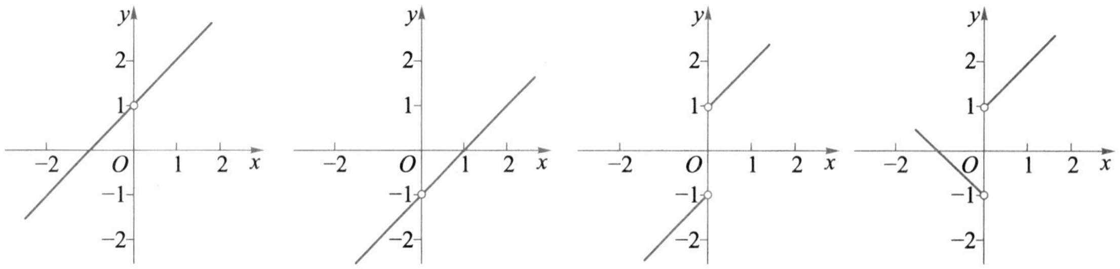

图 3-5

A. 定义域相同　　B. 值域相同　　C. 解析式相同　　D. 不能确定

三、解答题.

1. 根据函数的图像(图 3-6),写出它的解析式.

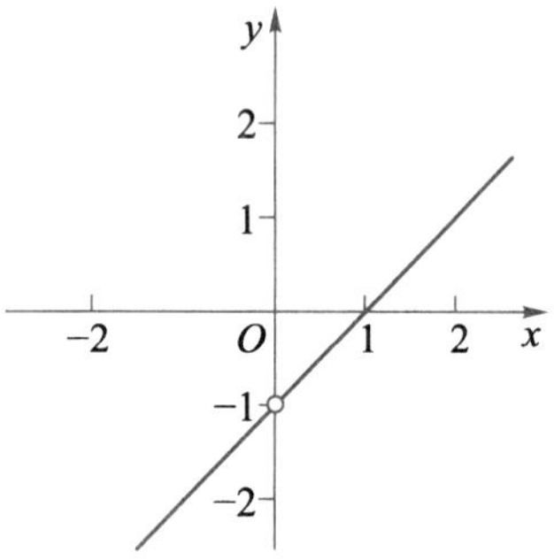

图 3-6

2. 画出函数 $f(x)=x+\frac{|x|}{x}$ 的图像.

【学海探津】

1. 某同学为申报2022年冬季奥林匹克运动会志愿者，计划在暑假的八月上旬完成一定量的英语单词的记忆，第一天记忆100个单词，以后的每一天，在复习前面记忆过的单词的基础上增加50个新单词的记忆量.你能用函数表示该同学记忆的单词总量与记忆天数的关系吗?

2. 中华人民共和国成立以来，中国体育健儿共参加了多届夏季奥林匹克运动会和冬季奥林匹克运动会，你能用表格分别统计出中国参加各届夏(冬)季奥林匹克运动会的年份和对应获得的奖牌数目吗？并用图像展示一下中国体育事业的蓬勃发展与壮大.

3.3 函数的性质

【要点梳理】

1. 函数的单调性：设函数 $y=f(x)$ 的定义域为 D，区间 $I\subseteq D$.

（1）如果对于区间 I 上的________两点 x_1 和 x_2，当 $x_1<x_2$ 时，都有____________，那么称函数 $y=f(x)$ 在区间 I 上是____________，区间 I 称为函数 $y=f(x)$ 的________________，如图 3-7 所示.

（2）如果对于区间 I 上的________两点 x_1 和 x_2，当 $x_1<x_2$ 时，都有____________，那么称函数 $y=f(x)$ 在区间 I 上是________，区间 I 称为函数 $y=f(x)$ 的________，如图 3-8 所示.

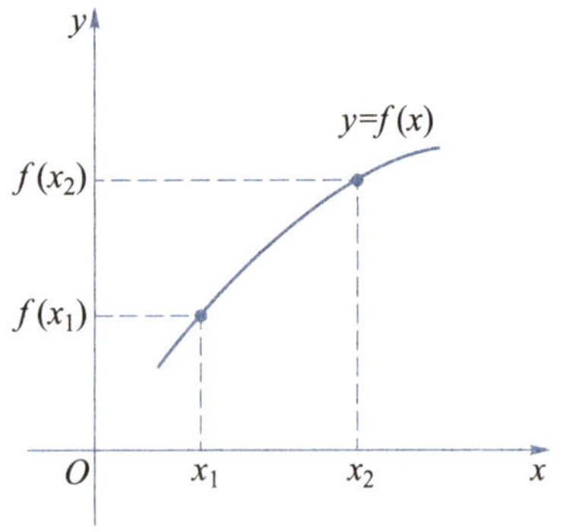

图 3-7

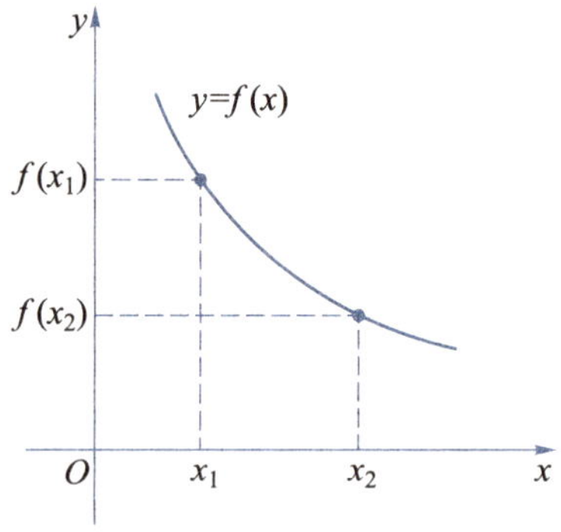

图 3-8

以上两种情形都称函数 $y=f(x)$ 在区间 I 上具有__________，区间 I 称为__________.

2. 判定函数的单调性有两种常用方法：________________和________________.

3. 一般地，设点 $P(a,b)$ 为平面上的任意一点，则

（1）点 $P(a,b)$ 关于 x 轴对称的点 Q_1 的坐标为________；

（2）点 $P(a,b)$ 关于 y 轴对称的点 Q_2 的坐标为________；

（3）点 $P(a,b)$ 关于原点 O 对称的点 Q_3 的坐标为________.

4. 函数的奇偶性：

（1）奇函数：设函数 $y=f(x)$ 的定义域为数集 D，若对于______的 $x\in D$，都有____________，且____________，则称函数 $y=f(x)$ 是__________.

（2）偶函数：设函数 $y=f(x)$ 的定义域为数集 D，若对于______的 $x\in D$，都有________，且____________，则称函数 $y=f(x)$ 是__________.

5. 奇(偶)函数的图像特征:

奇函数的图像关于______对称[图 3-9(1)],

偶函数的图像关于______对称[图 3-9(2)].

奇(偶)函数的定义域关于________对称.

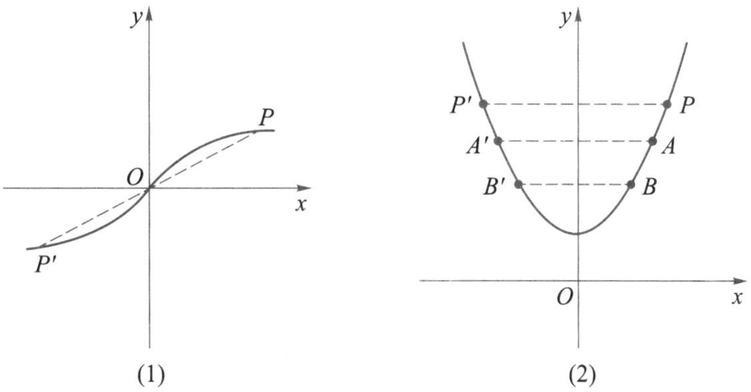

图 3-9

6. 判定函数的奇偶性有两种常用方法:______________和______________.

7. 一次函数的基本性质:

一般地,一次函数 $y=kx+b(k\neq 0)$ 的图像是__________,其性质如下:

(1) 定义域为__________,即__________;

(2) 值域为__________,即__________;

(3) 当 $k>0$ 时,在 $\mathbf{R}$ 上是______函数;当 $k<0$ 时,在 $\mathbf{R}$ 上是______函数;

(4) 当________时,是奇函数,当________时,是非奇非偶函数;

(5) 图像与 x 轴的交点坐标为________,与 y 轴的交点坐标为________.

8. 反比例函数的基本性质:

一般地,反比例函数 $y=\dfrac{k}{x}(k\neq 0)$ 的图像是双曲线,其性质如下:

(1) 定义域为______________;

(2) 值域为______________;

(3) 当________时,函数图像在第一、三象限,在区间________和________上是减函数;当________时,函数图像在第二、四象限,在区间________和________上是增函数;

(4) 图像关于__________对称,是______函数;

(5) 双曲线无限接近 x 轴和 y 轴,但是永远不会与 x 轴和 y 轴相交.

9. 二次函数的基本性质:

一般地,函数 $y=ax^2+bx+c(a\neq 0)$ 的图像是一条抛物线,当 $a>0$ 时,其性质如下:

(1) 定义域为__________;

（2）值域为______________；

（3）在区间__________上是减函数，在区间__________上是增函数；

（4）当________时，为偶函数；当________时，为非奇非偶函数；

（5）图像与 y 轴的交点坐标为________.

想一想：当 $a<0$ 时，二次函数 $y=ax^2+bx+c$ 的性质又有哪些变化？

【典例解析】

例 1 已知函数 $y=f(x)$，$x\in[-4,7]$ 的图像如图 3-10 所示，请根据图像写出函数的单调区间，以及在每一个单调区间上，它是增函数还是减函数.

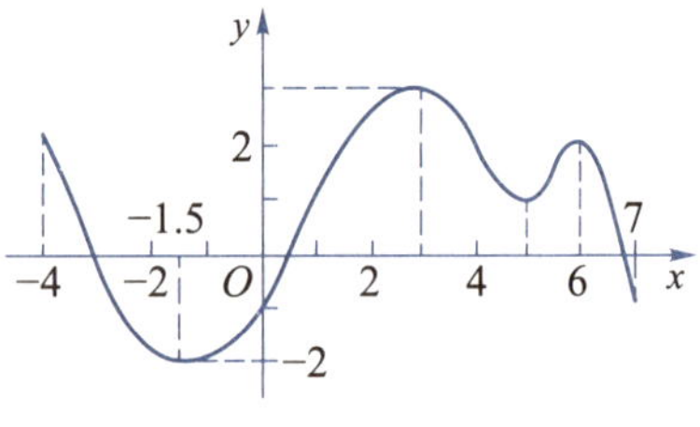

图 3-10

分析 在自变量取值区间上，沿着 x 轴的正方向，若函数的图像上升，则函数为增函数，该区间为函数的增区间；若函数的图像下降，则函数为减函数，该区间为函数的减区间. 函数的增减区间统称函数的单调区间.

解 函数的单调区间有 $(-4,-1.5)$、$(-1.5,3)$、$(3,5)$、$(5,6)$、$(6,7)$. 其中 $y=f(x)$ 在 $(-4,-1.5)$、$(3,5)$、$(6,7)$ 上是减函数，在 $(-1.5,3)$、$(5,6)$ 上是增函数.

注意 第一，函数的单调性是对定义域内某个区间而言的，在两个区间的公共端点处，它的函数值是唯一确定的常数，没有增减变化，所以不存在单调性问题；第二，虽然函数 $f(x)$ 在 $(-1.5,3)$、$(5,6)$ 上都是增函数，但不能说函数 $f(x)$ 在 $(-1.5,3)\cup(5,6)$ 上是增函数.

例 2 试证明函数 $f(x)=\dfrac{1}{x-1}$ 在 $(1,+\infty)$ 上是减函数.

分析 要研究函数在某个区间上的单调性，可以应用增（减）函数的定义进行证明.

解 设 $x_1,x_2\in(1,+\infty)$，且 $x_1<x_2$，则 $f(x_1)-f(x_2)=\dfrac{1}{x_1-1}-\dfrac{1}{x_2-1}=\dfrac{x_2-x_1}{(x_1-1)(x_2-1)}$.

因为 $1<x_1<x_2$，所以 $x_2-x_1>0$，$x_1-1>0$，$x_2-1>0$.

所以 $f(x_1)-f(x_2)>0$，即 $f(x_1)>f(x_2)$.

所以，函数 $f(x)=\dfrac{1}{x-1}$ 在 $(1,+\infty)$ 上是减函数.

归纳 用函数单调性的定义证明函数在某个区间上的单调性的基本步骤是：

(1) 取值;(2) 作差;(3) 变形;(4) 定号;(5) 结论.

例 3 判断下列函数的奇偶性.

(1) $f(x)=2-|x|$;　　(2) $f(x)=x^3-2x$;　　(3) $f(x)=\dfrac{x}{\sqrt{x-1}}$.

分析 要研究函数在其定义域内的奇偶性,可以应用奇偶函数的定义进行判断.

解 (1) 因为函数 $f(x)$ 的定义域为 $\mathbf{R}$,并且对定义域中的每一个 x,都有 $f(-x)=2-|-x|=2-|x|=f(x)$,所以,函数 $f(x)$ 为偶函数.

(2) 因为函数 $f(x)$ 的定义域为 $\mathbf{R}$,并且对定义域中的每一个 x,都有 $f(-x)=(-x)^3-2(-x)=-(x^3-2x)=-f(x)$,所以,函数 $f(x)$ 为奇函数.

(3) 因为函数 $f(x)$ 的定义域为 $(1,+\infty)$,定义域不关于原点对称,所以函数既不是奇函数,也不是偶函数.

归纳 判断一个函数是否具有奇偶性的基本步骤是:

(1) 求出函数的定义域 D;

(2) 若对于任意的 $x\in D$,都有 $-x\in D$,并且 $f(-x)=-f(x)$,则函数是奇函数,若 $f(-x)=f(x)$,则函数是偶函数;

(3) 若存在某个 $x_0\in D$,但是 $-x_0\notin D$,则函数肯定是非奇非偶函数.

当然,对于用图像法表示的函数,可以观察图像是否关于原点或 y 轴对称,从而确定函数的奇偶性.

注意 不是每个函数都有奇偶性，一定要确立定义域优先的原则，先看函数定义域是否关于原点对称，然后再看对定义域内的任意 x，是否都有 $f(-x)=-f(x)$ 或 $f(-x)=f(x)$ 成立，最后得出结论.

【闯关训练】

3.3.1 函数的单调性

一、填空题.

1. 函数 $f(x)=-3x+5$ 在 $(-\infty,+\infty)$ 是________函数(填"增"或"减").

2. 已知函数 $y=f(x)$,对于任意的 $x_1,x_2\in(a,b)$,当 $x_1<x_2$ 时,都有 $f(x_1)-f(x_2)<0$,则函数 $y=f(x)$ 在 (a,b) 上是________函数(填"增"或"减").

3. 函数 $f(x)=\dfrac{2}{x}$ 的减区间是________________.

4. 函数 $f(x)=2x-x^2$ 的增区间是__________,减区间是____________.

5. 若函数 $y=\dfrac{a}{x}$ 在 $(0,+\infty)$ 上为增函数,则 a 的取值范围是__________.

二、选择题.

1. 已知函数 $y=f(x)$ 在 $(-2,7)$ 上为减函数,则一定有(   ).

A. $f(3)<f(4)$　　B. $f(3)=f(4)$

C. $f(3)>f(4)$　　D. 不能确定

2. 二次函数 $y=ax^2+bx+c(a<0)$ 的增区间为(   ).

A. $\left(-\dfrac{b}{2a},+\infty\right)$　　B. $\left(-\dfrac{b}{a},+\infty\right)$

C. $\left(-\infty,-\dfrac{b}{2a}\right)$　　D. $\left(-\infty,\dfrac{b}{a}\right)$

3. 函数 $y=-4x^2+bx-1$ 在 $(-\infty,4)$ 上是增函数,在 $(4,+\infty)$ 上是减函数,则 $b=$(   ).

A. 32　　B. -32

C. 4　　D. -4

4. 下列函数在 $(2,+\infty)$ 上不是增函数的是(   ).

A. $y=2x-1$　　B. $y=6x^2+1$

C. $y=\dfrac{7}{x}$　　D. $y=x^2-4x+1$

三、解答题.

1. 根据函数图像(图 3-11)回答下列问题.

(1) 写出函数的单调区间;

(2) 写出函数的定义域和值域.

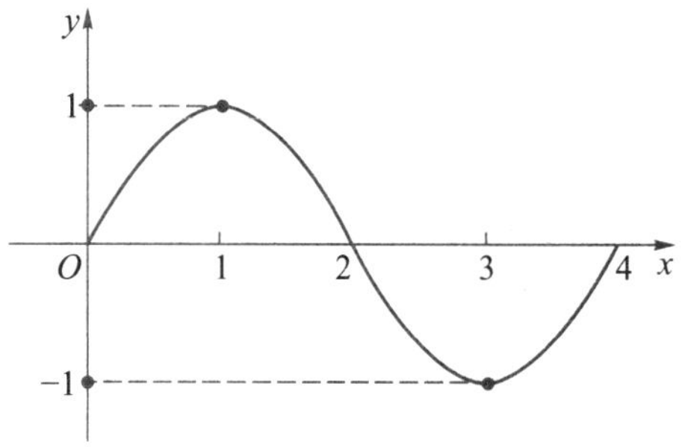

图 3-11

*2. 判断函数 $f(x)=\dfrac{6}{x}$ 在 $(-\infty,-5)$ 上的单调性.

3.3.2 函数的奇偶性

一、填空题.

1. 点 $P(-4,-3)$ 关于 x 轴对称的点的坐标是__________.

2. 点 $Q(-1,-6)$ 关于原点对称的点的坐标是__________.

3. 偶函数 $y=f(x)$ 的图像经过点 $(-1,9)$，则该函数图像也一定经过点__________.

4. 函数 $y=-6x^4+3x^2$ 为__________函数（填“奇”或“偶”）.

5. 函数 $y=f(x)$ 是 $\mathbf{R}$ 上的奇函数，若 $f(-18)=7$，则 $f(18)=$__________.

二、选择题.

1. 下列函数为奇函数的是（　　）.

A. $y=-3x$　　B. $y=3x+1$

C. $y=x-3$　　D. $y=3x^2$

2. 偶函数的图像关于（　　）对称.

A. x 轴　　B. y 轴

C. 原点　　D. 直线 $y=x$

3. 下列函数在定义域内既是奇函数又是增函数的是（　　）.

A. $y=x^2$　　B. $y=\frac{1}{x}$

C. $y=2x$　　D. $y=x+1$

4. 下列函数既是奇函数又是偶函数的是（　　）.

A. $y=x^3$　　B. $y=|x|$

C. $y=\sqrt{x}$　　D. $y=0$

5. 下列函数既不是奇函数又不是偶函数的是（　　）.

A. $y=x^3+x$　　B. $y=\frac{1}{|x|}$

C. $y=\sqrt{x-1}$　　D. $y=0$

三、解答题.

*1. 判断下列函数的奇偶性.

(1) $f(x)=2x$;

(2) $f(x)=-3x^2+2$.

*2. 已知:$f(x)=x^3+\frac{a}{x^2}$且$f(1)=5$.

(1) 求 a 的值;

(2) 判断函数的奇偶性.

3.3.3 几种常见的函数

一、填空题.

1. 若函数 $y=\frac{k}{x}+1$ 在 $(-\infty,0)$ 上是增函数,则 k 的取值范围是________.

2. 若一次函数 $f(x)=(m-2)x-3$ 在定义域内是减函数,则 m 的取值范围是__________.

3. 已知二次函数 $y=f(x)$,其图像的顶点坐标是 $(1,2)$,且过原点,则 $f(x)=$________.

4. 二次函数 $f(x)=2x^2-5$ 的值域为________.

5. 函数 $f(x)=-\frac{1}{x}, x\in[-2,-1]$ 的最大值为________.

二、选择题.

1. 若函数 $y=kx+b$ 在定义域 $\mathbf{R}$ 上具有单调性,则下列说法正确的是(　　).

A. $k\neq0$　　B. $k>0$　　C. $k<0$　　D. 以上都不对

2. 关于函数 $y=-\frac{\sqrt{2}}{x}$ 在 $(0,+\infty)$ 上的单调性,下列说法正确的是(　　).

A. 增函数　　B. 减函数　　C. 先增后减　　D. 无法确定

3. 函数 $y=x^2-2x$ 的图像的顶点坐标是(　　).

A. $(0,-2)$　　B. $(0,0)$　　C. $(1,-1)$　　D. $\left(-\frac{1}{2},1\right)$

三、解答题.

*1. 已知函数 $f(x)=(m-1)x^2+2mx+3$ 为偶函数,试探究 $f(x)$ 在 $(-5,-2)$ 上的单调性.

*2. 已知二次函数 $f(x)=x^2-(a-1)x+5$ 在 $\left(\frac{1}{2},1\right)$ 上是增函数，求实数 a 的取值范围.

【学海探津】

根据图 3-12，描述某种机器零件装配线的生产效率与生产线上工人数量之间的关系.

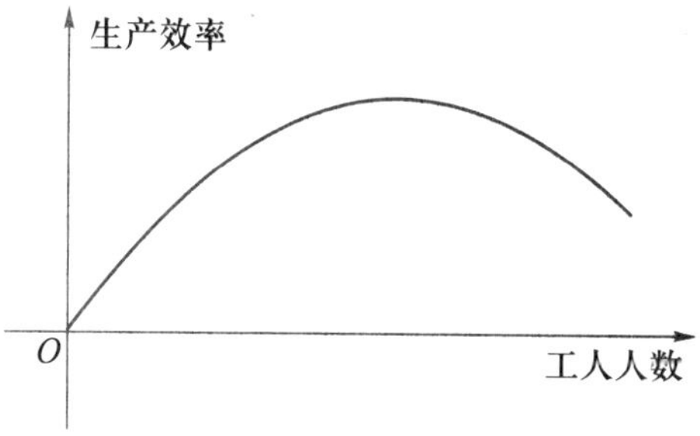

图 3-12

3.4 函数的应用

【要点梳理】

1. 许多实际问题都可以通过建立____________来解决，______模型是应用比较广泛的数学模型之一. ________、________、________都是常见的函数模型.

2. 在自变量的不同取值范围内，有不同的对应法则，需要用不同的解析式来表示的函数称为____________.

3. 求分段函数的函数值 $f(x_0)$ 时，首先应该判断 x_0 所属的取值范围，然后再把 x_0 代入相应的解析式中进行计算.

4. 当应用函数模型求解问题时，应根据实际情况考虑函数的________，特别是求函数的最大(小)值时，要考虑自变量是否有______的需要.

【典例解析】

例 1 某学校开展“爱心大卖场”活动，某班选择销售某种饮料.购进该饮料 6 杯，每杯进价 10 元，售价每杯 12 元.请表示销售总利润与销售量之间的函数关系.

分析 此题考查一次函数的应用.但要注意函数的定义域是 1~6 之间的整数.

解 设销售量为 x 杯，总利润为 y 元，可知函数的定义域为 $\{1,2,3,4,5,6\}$.

根据题意得，$y=(12-10)x=2x$，故销售总利润与销售量之间的函数关系表示为 $y=2x$，$x\in\{1,2,3,4,5,6\}$.

例 2 某工厂生产一种机器零件，日销售量 x(件)与售价 P(元/件)之间的关系为 $P=180-2x$，生产 x 件零件的成本为 $R=500+30x$(元).若假设产品都可以销售出去，问：

(1) 该厂每天获得的利润与日产量 x 之间有怎样的关系？

(2) 当日产量 x 为多少件时，可获得最大利润？最大利润是多少元？

分析 此题考查二次函数的综合应用.在求解时要注意变量的实际取值范围，本题求利润最大值时，要考虑“x 为正整数”这一限制条件.

解 (1) 设该厂每天获利为 y 元，由题意得

$$y=(180-2x)x-(500+30x)=-2x^2+150x-500,$$

其中 $0<x<90$，且 $x\in\mathbf{N}$.

(2) 在二次函数 $y=-2x^2+150x-500$ 中，$a=-2$，$b=150$，$c=-500$，$-\frac{b}{2a}=\frac{75}{2}$，

因为 x 为正整数，所以当 $x=37$ 或 38 时，y 取得最大值，为 2 312 元，即当日产量为 37 或 38 件时，每天可获得最大利润 2 312 元.

例 3 为了增强公民的节水意识，某市制定了如下用水收费标准：每户每月用水不超过 10 m^3 时，水价为 1.2 元/m^3；超过 10 m^3 时，超过部分按 1.8 元/m^3 收费.

(1) 若某户某月用水 8 m^3，应交水费多少元？若用水 14 m^3 呢？

(2) 求出每户每月应交水费与用水量之间的函数关系式；

(3) 若某户某月应交水费 30 元，则该户当月用水多少立方米？

分析 此题考查分段函数的解析式及其应用. 这类函数在自变量的不同取值范围内，有不同的对应法则，需要用不同的解析式来表示.

解 (1) 用水为 8 m^3 时，应交水费：$8\times1.2=9.6$（元）；

用水为 14 m^3 时，应交水费：$10\times1.2+(14-10)\times1.8=19.2$（元）.

(2) 当 $x>10$ 时，$y=10\times1.2+(x-10)\times1.8=1.8x-6$，即根据用水收费标准，可得到以下函数解析式：

$$y=\begin{cases}1.2x, & 0\leqslant x\leqslant10,\\ 1.8x-6, & x>10.\end{cases}$$

(3) 由某户某月应交水费 30 元，可知 $y=30$，

令 $1.2x=30$ 得，$x=25$，不符合 $0\leqslant x\leqslant10$，故舍去；

令 $1.8x-6=30$ 得，$x=20$，符合 $x>10$.

即该用户当月用水 20 m^3.

归纳 构建函数模型解决实际问题时，一般通过设（设出未知数）、列（列出函数解析式）、解（求解）、答（回答）四步来完成. 另外，还要根据实际情况考虑函数的定义域，特别是求函数的最大（小）值时，要考虑自变量是否有取整的需要.

【闯关训练】

3.4 函数的应用

一、判断题.

1. 二次函数的图像关于 y 轴对称. ( )

2. 分段函数不是一个函数,是由几个函数组成的. ( )

3. 设分段函数 $y=\begin{cases}-1, & x<0,\\ 1, & x\geqslant 0,\end{cases}$ 则 $f(-1)=-1$, $f(1)=1$. ( )

4. 某工厂现在的年产值是 28 万元,计划今后每年增长 3 万元,则年产值 y(万元)与年数 x 的函数关系式是 $y=3x+28$. ( )

二、选择题.

*1. 若函数 $f(x)=\begin{cases}-1, & x>0,\\ 0, & x=0,\\ 1, & x<0,\end{cases}$ 则 $f[f(2)]=$( ).

A. -1 B. 0

C. 1 D. 以上都不正确

2. 某广告公司计划设计一块周长为 16 m 的矩形广告牌,设矩形的一条边的长度为 x(m),面积为 y(m^2),则 y 与 x 的函数关系式为( ).

A. $y=16x$ B. $y=x(16-x)$

C. $y=x(16-x)$, $x\in(0,16)$ D. $y=x(8-x)$, $x\in(0,8)$

3. 甲乙两人沿相同的线路由 A 到 B 匀速行进,两地之间的路程为 20 km,他们行进的路程 s(km)与出发后的时间 t(h)之间的函数图像如图 3-13 所示,根据图像信息,下列说法正确的是( ).

A. 甲的速度是 4 km/h

B. 乙的速度是 10 km/h

C. 乙比甲晚出发 1 h

D. 甲比乙晚到 3 h

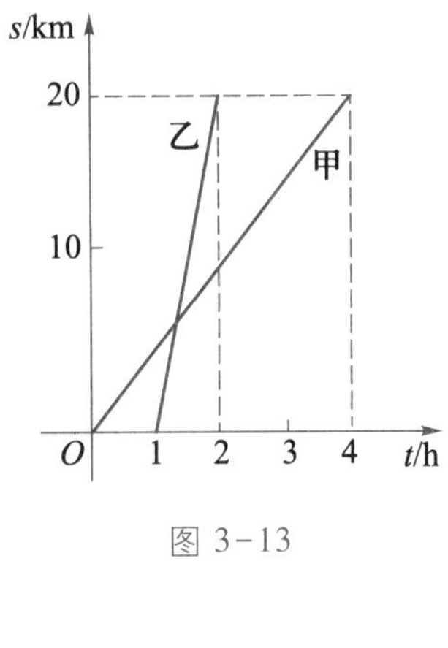

图 3-13

三、解答题.

1. 某市出租车实行分段计价的收费标准,收费标准如下:

(1) 不超过 3 km 时,按起步价 10 元收费;

(2) 超过 3 km 后,超出部分按照 2 元/km 收费.

试写出车费 y(元)与路程 x(km)之间的函数关系式.

2. 某工厂生产一种单价为 10 元的产品,每天可卖出 150 件,如果单价每增加 1 元,那么每天会少卖 5 件,当不考虑其他因素时,该产品的单价提高多少元时,工厂的日收入最高? 最高收入是多少元?

【学海探津】

自近代数学产生以来，函数一直处于数学的核心位置，在数学、物理和其他学科中，函数关系随处可见.在生活中也有许多函数应用的实例. 例如，圆的周长和面积是半径的函数，气体膨胀的体积是温度的函数，纳税人应缴的个税税额是收入额的函数，汽车行驶的路程是时间的函数，等等.

历史上，众多数学家对函数的发展和完善作出了贡献，如开普勒、伽利略、笛卡儿、牛顿、莱布尼茨和欧拉.

请选取一位或几位数学家，以“数学家与函数”为题，说一说他们对函数发展作出的贡献，感受数学家的精神.

第 3 章自我检测

一、选择题.

1. 函数 $y=\frac{\sqrt{x+1}}{x}$ 的定义域是(　　).

A. $(1,+\infty)$　　B. $[1,+\infty)$

C. $[-1,0)\cup(0,+\infty)$　　D. $(-\infty,0)\cup(0,1]$

2. 下列函数是奇函数的是(　　).

A. $y=2x+1$　　B. $y=\frac{3}{x}$

C. $y=x^2-2x+1$　　D. $y=3-5x^2$

3. 已知 $f(x)=\begin{cases}-x+1, & x\leqslant 0,\\ 1, & 0<x<2,\\ x-1, & x\geqslant 2,\end{cases}$ 则 $f(1)$ 的值是(　　).

A. 2　　B. 1　　C. 0　　D. -1

4. 函数 $f(x)=2x+1,-1\leqslant x<3$ 的值域是(　　).

A. $(-\infty,+\infty)$　　B. $[-1,3)$　　C. $[-1,7)$　　D. $(-1,7]$

5. 下列函数是奇函数,又在 $(0,+\infty)$ 上是增函数的是(　　).

A. $y=-3x+1$　　B. $y=-\frac{3}{x}$

C. $y=x^2+2x+1$　　D. $y=\sqrt{x}$

6. 函数 $f(x)=\frac{x^3+x}{2}$ 的图像关于(　　)对称.

A. x 轴　　B. y 轴　　C. 原点　　D. 直线 $y=1$

7. 函数 $y=x^2+mx-3$ 在 $(-\infty,-1]$ 上是减函数,在 $(-1,+\infty]$ 上是增函数,则 m 的值是(　　).

A. 2　　B. -2　　C. 10　　D. -10

8. 已知二次函数 $f(x)$ 是偶函数,且有最小值,则 $f(-2)$、$f(-1)$、$f(1)$ 的大小关系是(　　).

A. $f(-2)<f(-1)<f(1)$　　B. $f(-2)<f(-1)=f(1)$

C. $f(1)=f(-1)<f(-2)$　　D. $f(1)<f(-1)<f(-2)$

9. 图 3-14 所示四个函数不具有奇偶性的是(　　).

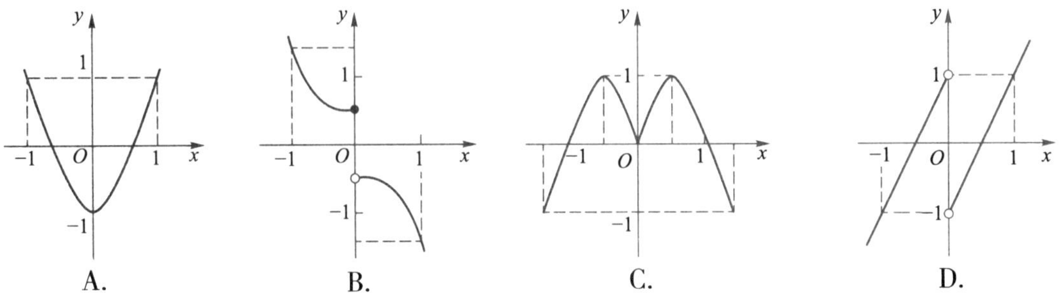

图 3-14

10. 函数 $f(x)$ 在 $(-\infty,+\infty)$ 上为偶函数,且在 $(-\infty,0)$ 上是减函数,下列结论正确的是(　　).

A. $f(-2)>f(-3)$　　B. $f(2)>f(3)$

C. $f(-3)<f(2)$　　D. $f(2)<f(-3)$

二、填空题.

1. 已知函数 $f(x)=2x+1$,则 $f(-2)=$__________.

2. 函数 $f(x)=3x^2+6x-1$ 的减区间是__________.

3. 一次函数 $f(x)=kx+b$ 的图像经过点 $(1,-1)$ 和点 $(-2,3)$,则 $f(x)=$__________.

4. 已知函数 $f(x)=ax^2+3$ 在定义域 $[a+1,2a]$ 上是偶函数,则 $f(x)=$__________.

5. 已知函数 $f(x)=ax+b$ 的图像关于 y 轴对称,则 $a=$________.

6. 函数 $f(x)=-(x+m)^2+5$ 在 $(-\infty,-1)$ 上为增函数,则 m 的取值范围为__________.

三、解答题.

1. 已知函数 $f(x)=\dfrac{\sqrt{x+3}}{x-2}$,求:

(1) 函数的定义域;

(2) $f(-1)$、$f(6)$ 的值.

*2. 判断下列函数的奇偶性.

(1) $f(x)=2x^3$;

(2) $f(x)=x^2-x^4$;

(3) $f(x)=x-1$.

*3. 判断函数 $f(x)=-x^2+x+3$ 在 $(-\infty,0)$ 上的单调性.

*4. 用长为 24 m 的铝材围成一个日字形窗框(图 3-15),试问当其长和宽各为多少米时,窗户的透光面积最大?最大面积是多少?

图 3-15

第4章

三角函数

三角函数是一个重要的周期函数模型，借助三角函数可以将几何直观代数化，它在物理学和工程学等方面有很大作用.本章在锐角三角函数的基础上，通过对角的概念进行推广，借助单位圆研究任意角的三角函数的图像、性质及其在实际中的简单应用，逐步提升数学运算、直观想象、逻辑推理和数学抽象等核心素养.

本章内容的学业质量要求如下：

<table>
<tr><th rowspan="2">内容</th><th colspan="2">质量描述</th></tr>
<tr><th>水平一</th><th>水平二</th></tr>
<tr><td>三角函数</td><td>在熟悉的单一情境中：
1. 知道推广角的意义和任意角所在的象限，能识别终边相同的角；
2. 知道引入弧度制的意义，会进行角度与弧度的换算；
3. 会根据任意角的三角函数（正弦、余弦和正切）定义，判断角的三角函数值的符号；
4. 会根据三角函数的定义或借助单位圆，推导同角三角函数的平方关系和商数关系，能进行有关的化简和计算；知道诱导公式在三角函数求值与化简中的作用；
5. 会借助代数运算与几何直观，认识正弦函数、余弦函数的图像与性质；知道运用“五点法”可以画出正弦函数、余弦函数在一个周期上的简图；
6. 知道特殊的三角函数值与$[0,2\pi]$范围内角的对应关系；
7. 会用计算工具进行有关的三角计算</td><td>在熟悉的关联情境中：
1. 达到水平一的1—7；
2. 知道弧度制下弧长公式和扇形面积公式的推导过程，并会进行有关的计算；
3. 能运用“五点法”画出正弦函数、余弦函数在一个周期上的简图；
4. 会根据三角函数值，求出指定范围内的角</td></tr>
</table>

4.1 角的概念的推广

【要点梳理】

1. 任意角的概念：角可以看成平面内一条射线____________________所形成的图形.射线的端点称为角的______，旋转起始位置的射线称为角的______，终止位置的射线称为角的______；一般规定：按____________方向旋转形成的角称为正角；按____________方向旋转形成的角称为负角；如果一条射线__________________，称这个角为零角.

2. 象限角的概念：在平面直角坐标系中，使角的顶点与____________重合，角的始边与____________重合，此时角的______在第几象限，就称这个角是第几象限的角.

3. 与角 α 终边相同的角的集合可以表示为__________________.

【典例解析】

例 1 若 $-180° \leqslant \alpha \leqslant 180°$，请写出终边在坐标轴上的角 α 的值.

分析 根据任意角的概念逐一进行表示.

解 角 α 的终边在 x 轴的非负半轴上时，$\alpha=0°$；

角 α 的终边在 y 轴的非负半轴上时，$\alpha=90°$；

角 α 的终边在 x 轴的非正半轴上时，$\alpha=180°$ 或 $\alpha=-180°$；

角 α 的终边在 y 轴的非正半轴上时，$\alpha=-90°$.

注意 根据任意角的定义，满足已知特征的角在不同的取值范围内取值可能不同.

例 2 写出终边在 x 轴上的角的集合.

分析 在 $0° \sim 360°$ 范围内，终边在 x 轴上的角有两个，分别是 $0°$ 角和 $180°$ 角，所以与 $0°$ 角和 $180°$ 角终边相同的角的集合即为所求.

解 终边在 x 轴的非负半轴上的角，即与 $0°$ 角终边相同的角是

$$0°+k \cdot 360°=k \cdot 360°=2k \cdot 180°, \quad k \in \mathbf{Z}. \tag{1}$$

终边在 x 轴的非正半轴上的角，即与 $180°$ 角的终边相同的角是

$$180°+k\cdot 360°=(2k+1)\cdot 180°,\quad k\in \mathbf{Z}. \tag{2}$$

综合两式，得到终边在 x 轴上的角的集合是

$$\{\alpha \mid \alpha=n\cdot 180°, n\in \mathbf{Z}\}.$$

注意 当 n 取偶数时，角 α 的终边在 x 轴的非负半轴上；当 n 取奇数时，角 α 的终边在 x 轴的非正半轴上.

例 3 如果角 α 是第二象限的角，那么角 $\frac{\alpha}{2}$ 是第几象限的角？

分析 第二象限的角 α 可以表示为 $90°+k\cdot 360°<\alpha<180°+k\cdot 360°(k\in \mathbf{Z})$，利用不等式的性质进行计算后，再根据 k 的取值分别为奇数和偶数的情况进行讨论.

解 因为角 α 是第二象限的角，所以它可以表示为

$$90°+k\cdot 360°<\alpha<180°+k\cdot 360°,\quad k\in \mathbf{Z},$$

不等式两边同时除以 2，得到

$$45°+k\cdot 180°<\frac{\alpha}{2}<90°+k\cdot 180°,\quad k\in \mathbf{Z}.$$

当 k 取奇数时，即 $k=2m+1(m\in \mathbf{Z})$ 时，有

$$45°+(2m+1)\cdot 180°<\frac{\alpha}{2}<90°+(2m+1)\cdot 180°,\quad m\in \mathbf{Z},$$

即

$$225°+2m\cdot 180°<\frac{\alpha}{2}<270°+2m\cdot 180°,\quad m\in \mathbf{Z},$$

化为

$$225°+m\cdot 360°<\frac{\alpha}{2}<270°+m\cdot 360°,\quad m\in \mathbf{Z},$$

可见，此时角 $\frac{\alpha}{2}$ 是第三象限的角；

当 k 取偶数时，即 $k=2m(m\in \mathbf{Z})$ 时，有

$$45°+2m\cdot 180°<\frac{\alpha}{2}<90°+2m\cdot 180°,\quad m\in \mathbf{Z},$$

即

$$45°+m\cdot 360°<\frac{\alpha}{2}<90°+m\cdot 360°, m\in \mathbf{Z},$$

可见,此时,角$\frac{\alpha}{2}$是第一象限的角.

注意 k 取奇数或偶数时，角$\frac{\alpha}{2}$所在的象限是不同的. 例如：当 $\alpha=120°$时，$\frac{\alpha}{2}=60°$，此时，角$\frac{\alpha}{2}$是第一象限的角；当 $\alpha=480°$时，$\frac{\alpha}{2}=240°$，此时，角$\frac{\alpha}{2}$是第三象限的角.

【闯关训练】

4.1.1　任　意　角

一、填空题.

1. 从 8 时到 9 时,分针转了______度,时针转了______度.

2. 15°角是第______象限的角;-170°角是第______象限的角;460°角是第______象限的角.

3. 若角 α 是锐角,则角 $-\alpha$ 是第______象限的角.

4. 请写出任意三个终边在 x 轴的非正半轴上的角:____________________.

二、选择题.

1. 若将分针拨慢 20 min,则分针转过的角度是(　　).

A. 60°　　B. 120°　　C. -60°　　D. -120°

2. 下列角中,终边在 y 轴上的角是(　　).

A. 360°　　B. 180°　　C. 0°　　D. -270°

3. -70°角的终边在(　　).

A. 第一象限　　B. 第二象限

C. 第三象限　　D. 第四象限

4. 如果角 α 是钝角,那么角 $-\alpha$ 是(　　).

A. 第一象限的角　　B. 第二象限的角

C. 第三象限的角　　D. 第四象限的角

三、解答题.

1. 请分别在平面直角坐标系中(图 4-1 ~ 图 4-4)画出下列角,并判断它们的终边是否在坐标轴上,如果不是,请指出其所在的象限.

(1) -210°　　(2) 1 080°

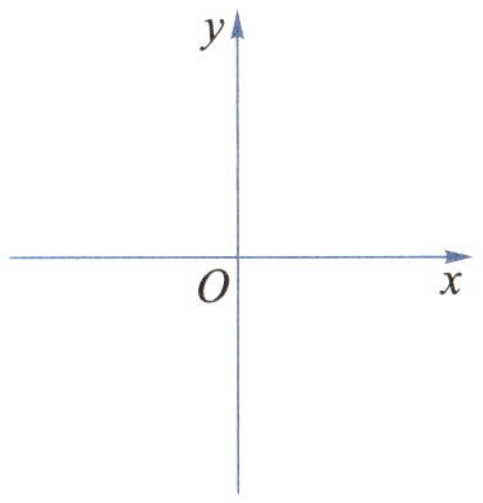

图 4-1

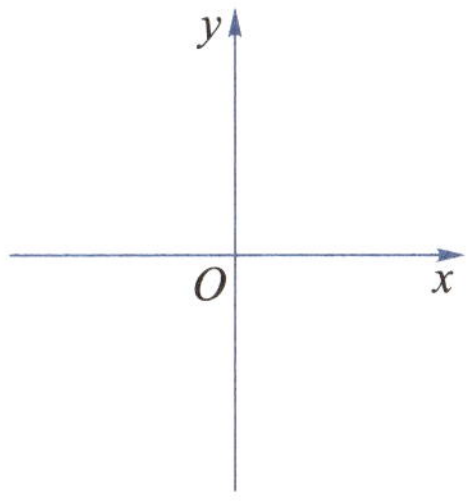

图 4-2

(3) 450°

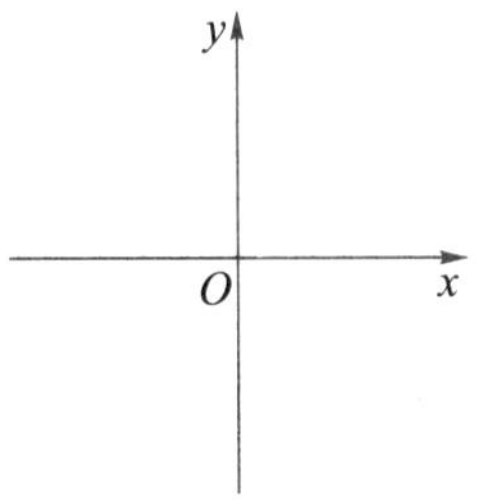

图 4-3

(4) -370°

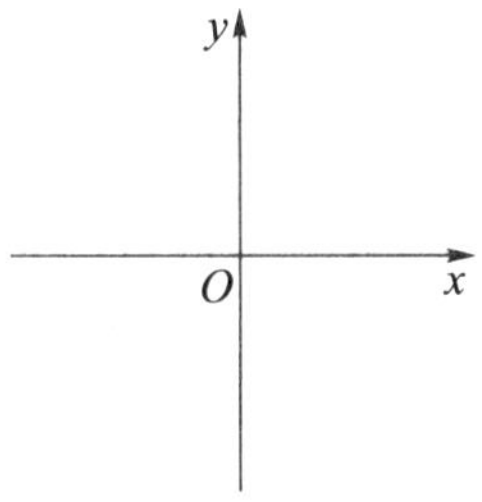

图 4-4

2. 如果角 α 是锐角,角 β 是钝角,那么角 $\alpha+\beta$ 是第几象限的角?

4.1.2 终边相同的角

一、填空题.

1. 与 $100°$角的终边相同的角的集合是____________________.

2. 与 $30°$角的终边相同的最大负角是__________.

3. 在 $0°\sim360°$范围内,与$-40°$角的终边相同的角是________.

4. 终边在第四象限的角,用集合可以表示为________________.

二、选择题.

1. 下列各选项正确的是(　　).

A. 终边相同的角一定相等

B. 第二象限的角都是钝角

C. 锐角都是第一象限的角

D. 第二象限的角比第一象限的角大

2. 下列各角中,与$-45°$角的终边相同的角是(　　).

A. $45°$　　B. $405°$

C. $-315°$　　D. $315°$

3. 如果角 α 是锐角,那么角$-\alpha+k\cdot360°(k\in\mathbf{Z})$是(　　).

A. 第一象限的角　　B. 第二象限的角

C. 第三象限的角　　D. 第四象限的角

4. 终边在坐标轴上的角的集合可以表示为(　　).

A. $\{0°,90°,180°,360°\}$　　B. $\{\alpha\mid\alpha=k\cdot90°,k\in\mathbf{Z}\}$

C. $\{\alpha\mid\alpha=k\cdot180°,k\in\mathbf{Z}\}$　　D. $\{\alpha\mid\alpha=k\cdot360°,k\in\mathbf{Z}\}$

三、解答题.

1. 写出与下列各角终边相同的角的集合,并将其中在 $0°\sim360°$范围内的角画在平面直角坐标系中(图 4-5~图 4-8).

(1) $450°$　　(2) $-220°$

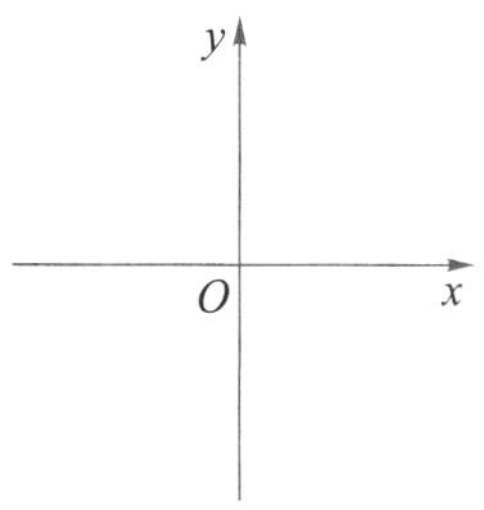

图 4-5

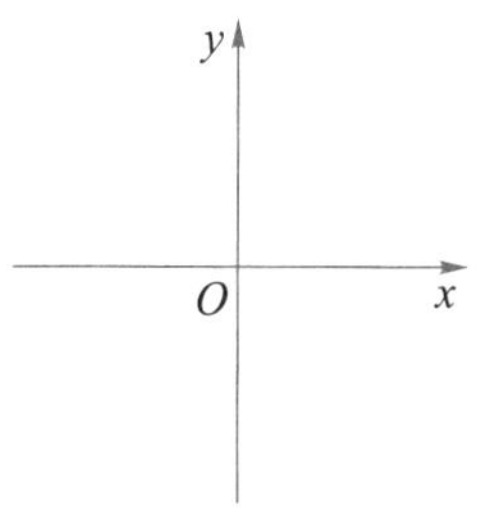

图 4-6

（3）$-510°$

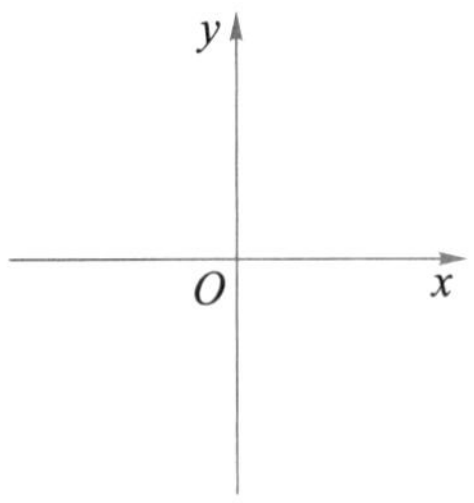

图 4-7

（4）$900°$

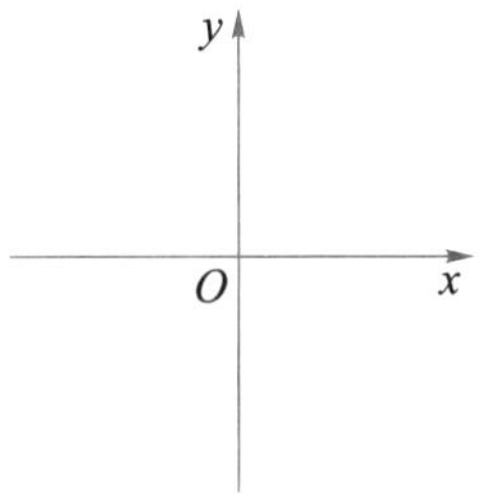

图 4-8

*2. 如果角 α 是第三象限的角，那么角 $\frac{\alpha}{2}$ 是第几象限的角？

【学海探津】

请问从上午 8 时(图 4-9)开始,分针和时针第一次重合的时间是多少?此时分针与时针各转了多少度?

图 4-9

4.2 弧度制

【要点梳理】

1. 把________________的圆弧所对的圆心角称为1弧度的角. 记作______.以"弧度"为单位来度量角的制度称为____________.

2. 规定:正角的弧度数是______,负角的弧度数是______,零角的弧度数是______.

3. 如果在半径为 r 的圆中,弧长为 l 的圆弧所对的圆心角的大小为 α,那么角 α 的弧度数的绝对值为________.

4. 如果扇形的圆心角为 $\alpha(0<\alpha<2\pi)$,半径为 r,弧长为 l,扇形面积为 S,那么 $l=$______, $S=$__________.

5. 完成表4-1中的角度与弧度的转换.

表4-1

角度	0°		45°		90°		135°		180°		360°
弧度		$\frac{\pi}{6}$		$\frac{\pi}{3}$		$\frac{2\pi}{3}$		$\frac{5\pi}{6}$		$\frac{3\pi}{2}$	

【典例解析】

例1 把 $-315°$ 转换为弧度.

分析 可以利用已知角与常用角之间的比例关系简化计算过程.

解 因为 $-315°=-7\times45°$,而 $45°=\frac{\pi}{4}$,所以 $-315°=-\frac{7\pi}{4}$.

注意 负角的弧度数是负数.

例2 已知一个扇形(图4-10)的半径为1,圆心角为60°,求该扇形的弧长 l 和面积 S.

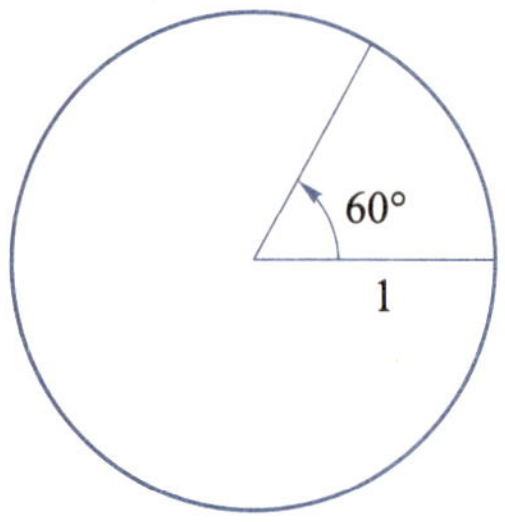

图4-10

分析 利用弧度制下弧长公式和扇形面积公式进行计算.

解 因为 $60°=\frac{\pi}{3}$,所以,根据弧度制下弧长公式和扇形面积公式,有

$$l=\alpha r=\frac{\pi}{3}\times 1=\frac{\pi}{3};\qquad S=\frac{1}{2}lr=\frac{1}{2}\times\frac{\pi}{3}\times 1=\frac{\pi}{6}.$$

注意 使用弧度制下弧长公式和扇形面积公式，要先将扇形的圆心角的角度化为弧度.

例 3 利用弧度制推导扇形面积公式 $S=\frac{1}{2}\alpha r^2$，其中 r 是半径，$\alpha(0<\alpha<2\pi)$ 为圆心角，S 是扇形的面积.

分析 结合已经学习的弧度制下弧长公式和扇形面积公式进行推导.

解 设圆心角所对的弧长为 l，将 $l=\alpha r$ 代入公式 $S=\frac{1}{2}lr$，可以得到

$$S=\frac{1}{2}(\alpha r)r=\frac{1}{2}\alpha r^2.$$

注意 在实际应用中，已知扇形的圆心角和半径，可以选择此公式计算扇形面积.

【闯关训练】

4.2 弧 度 制

一、填空题.

1. 把下列各角由角度转换为弧度.

(1) $22°30'=$__________;(2) $210°=$__________;(3) $-315°=$__________;

(4) $1\ 500°=$__________;(5) $-450°=$__________;(6) $-15°=$__________.

2. 把下列各角由弧度转换为角度.

(1) $\frac{\pi}{15}=$__________;(2) $-\frac{7\pi}{3}=$__________;(3) $\frac{\pi}{36}=$__________;

(4) $-\frac{\pi}{5}=$__________;(5) $\frac{5\pi}{6}=$__________;(6) $\frac{3\pi}{10}=$__________.

3. 用弧度制表示终边在 y 轴上的角的集合是__________.

*4. 半径为 20 的扇形中,圆心角所对的弧长为 5π(图 4-11),则圆心角为______弧度,这个扇形的面积是________.

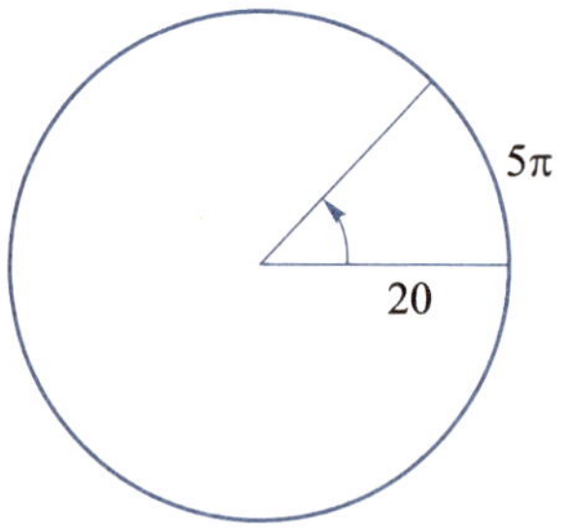

图 4-11

二、选择题.

1. 若将分针拨慢 30 min,则分针转过的弧度是( ).

A. $\frac{\pi}{6}$　　B. $\frac{\pi}{3}$

C. $\frac{\pi}{2}$　　D. π

2. 下列各角中,终边在 y 轴的非正半轴上的角是( ).

A. $\frac{\pi}{2}$　　B. $\frac{3\pi}{2}$　　C. $\frac{5\pi}{2}$　　D. $-\frac{3\pi}{2}$

3. $-\frac{9\pi}{8}$弧度的角的终边在( ).

A. 第一象限　　B. 第二象限

C. 第三象限　　D. 第四象限

*4. 在平面直角坐标系中,角 α 的终边经过点$(1,-\sqrt{3})$,那么角 α 的大小可能是( ).

A. $-\frac{\pi}{3}$　　B. $-\frac{5\pi}{3}$　　C. $\frac{7\pi}{3}$　　D. $\frac{4\pi}{3}$

三、解答题.

1. 写出与$-\frac{5\pi}{3}$弧度的角终边相同的角的集合,并判断其所在象限.

*2. 某飞轮的直径为 2 cm,每分钟按照逆时针方向旋转 120 圈,求:

(1) 此飞轮每分钟转过的弧度数;

(2) 轮周上的某一点每秒钟经过的弧长.

【学海探津】

若一个扇形花坛(图 4-12)的周长为 20 m,请问:该扇形的圆心角为多少弧度时,这个扇形的面积最大? 最大面积是多少?

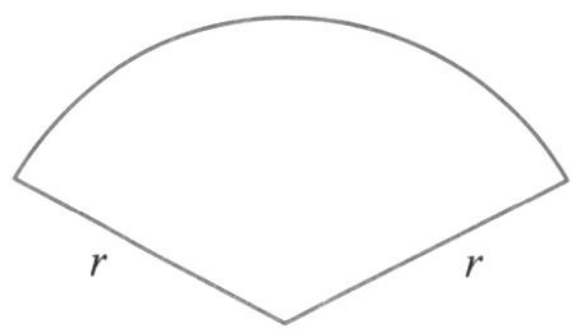

图 4-12

4.3 任意角的三角函数

【要点梳理】

1. 一般地，在任意角 α 的终边上任取一点 $P(x,y)$，令 $|OP|=r$，则 $r=$________，我们规定：比值_______称为角 α 的正弦，记作_______；比值_______称为角 α 的余弦，记作________；比值________称为角 α 的正切，记作________.

2. 请在表 4-2 中填写各三角函数值的符号.

表 4-2

三角函数	第一象限	第二象限	第三象限	第四象限
$\sin\alpha$				
$\cos\alpha$				
$\tan\alpha$				

3. 在平面直角坐标系中，以________为圆心、______为半径的圆称为单位圆；角 α 的终边与单位圆的交点 P 的坐标为______________.

【典例解析】

例 1 若角 α 是第一象限的角（图 4-13），$\sin\alpha=\dfrac{\sqrt{3}}{2}$，在它的终边上有一点的坐标为 $(4,a)$，则 a 的值为__________.

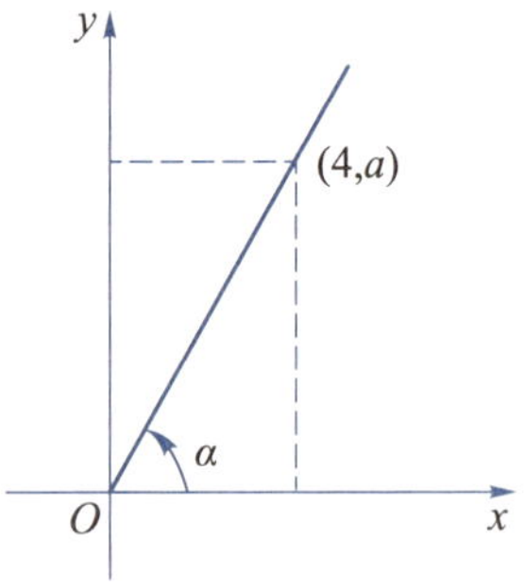

图 4-13

分析 根据任意角的三角函数的定义进行计算.

解 因为 $\sin\alpha=\dfrac{\sqrt{3}}{2}=\dfrac{a}{\sqrt{4^2+a^2}}$，解关于 a 的方程得到 $a=4\sqrt{3}$.

注意 方程中隐含条件 $a>0$.

例 2 如果 $\sqrt{\cos^2\alpha}=-\cos\alpha$（角 α 是象限角），那么角 α 是第________象限的角.

分析 根据任意角的三角函数值的符号进行分析.

解 由题意可知 $\cos\alpha<0$,因此角 α 是第二或第三象限的角.

注意 $\sqrt{\cos^2\alpha}=|\cos\alpha|=-\cos\alpha\geqslant 0$，由于角 α 是象限角，所以 $\cos\alpha\neq 0$，因此 $\cos\alpha<0$.

例 3 在平面直角坐标系中,如果点 $P(a,b)$ 是角 α 终边上异于原点的一点,则角 α 的终边与单位圆的交点坐标是什么?

分析 综合运用单位圆与任意角的三角函数值的关系以及任意角的三角函数的定义进行计算.

解 角 α 的终边与单位圆的交点的坐标为 $P(\cos\alpha,\sin\alpha)$,由题意有

$$\cos\alpha=\frac{a}{\sqrt{a^2+b^2}},\qquad \sin\alpha=\frac{b}{\sqrt{a^2+b^2}},$$

因此得到点 P 的坐标为 $\left(\frac{a}{\sqrt{a^2+b^2}},\frac{b}{\sqrt{a^2+b^2}}\right)$.

注意 因为单位圆的半径为 1，所以角 α 的终边与单位圆的交点的坐标 $(\cos\alpha,\sin\alpha)$ 满足 $\cos^2\alpha+\sin^2\alpha=1$，这一点从 $\left(\frac{a}{\sqrt{a^2+b^2}}\right)^2+\left(\frac{b}{\sqrt{a^2+b^2}}\right)^2=1$ 也可以看出来.

【闯关训练】

4.3.1 任意角的三角函数定义

一、填空题.

1. 如果角 α 的终边经过点$(1,-1)$,则 $\sin\alpha=$________.

2. 如果角 α 的终边经过点$(-1,2)$,则 $\cos\alpha=$________.

3. 如果角 α 的终边经过点$(-\sqrt{3},-3)$,则 $\tan\alpha=$________.

4. 如果角 α 的终边经过点(a,a),其中 $a\neq0$,则 $\sin\alpha=$________,$\cos\alpha=$________,$\tan\alpha=$________.

二、选择题.

1. 已知角 α 的终边经过点$(-3,-4)$,则 $\sin\alpha=$(　　).

A. $-\frac{3}{5}$　　B. $-\frac{4}{3}$

C. $-\frac{4}{5}$　　D. $\frac{3}{4}$

2. 已知角 α 的终边经过点$(1,-\sqrt{2})$,则 $\tan\alpha=$(　　).

A. $\frac{1}{2}$　　B. $-\frac{\sqrt{2}}{2}$

C. $-\frac{\sqrt{3}}{2}$　　D. $-\sqrt{2}$

3. 下列角中正切值不存在的是(　　).

A. $\frac{3\pi}{2}$　　B. $\frac{\pi}{6}$

C. $-\frac{\pi}{3}$　　D. $-\frac{5\pi}{4}$

4. 如图 4-14 所示,如果 $\alpha=-\frac{3\pi}{4}$,那么 $\cos\alpha$ 的值是(　　).

A. $\frac{\sqrt{2}}{2}$　　B. $-\frac{\sqrt{2}}{2}$

C. 0　　D. 不能确定

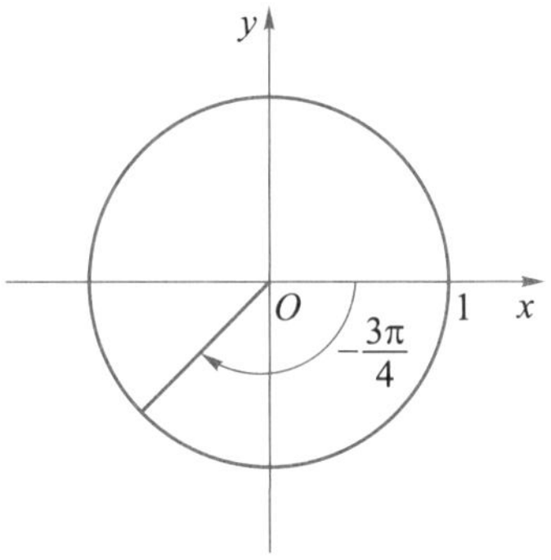

图 4-14

三、解答题.

1. 已知角 α 的终边经过点$(-4,3)$,求 $\sin\alpha+\cos\alpha+\tan\alpha$ 的值.

*2. 若角 α 的终边经过点$(\sqrt{3},a)$,并且 $\tan\alpha=-\frac{\sqrt{3}}{3}$,求 $\sin\alpha$ 和 $\cos\alpha$ 的值.

4.3.2 单位圆与三角函数

一、填空题.

1. 用“>”或者“<”填空.

(1) $\sin 30°$______0; (2) $\cos\left(-\frac{2\pi}{3}\right)$______0.

2. 若 $\cos\alpha\tan\alpha<0$,则角 α 是第______象限的角.

3. $\frac{\pi}{3}$弧度的角的终边与单位圆的交点的坐标是______.

4. $\frac{5\pi}{2}$弧度的角的终边与单位圆的交点的坐标是______,因此,$\sin\frac{5\pi}{2}=$______,$\cos\frac{5\pi}{2}=$______.

二、选择题.

1. 设角 α 是第四象限的角,则下列说法正确的是( ).

A. $\sin\alpha>0$ B. $\cos\alpha>0$ C. $\tan\alpha>0$ D. $\tan\alpha$ 不存在

2. 下列各式中正确的是( ).

A. $\sin\frac{7\pi}{5}>0$ B. $\cos\frac{9\pi}{4}<0$ C. $\tan\frac{3\pi}{2}<0$ D. $\tan\left(-\frac{5\pi}{6}\right)>0$

3. 下列不是单位圆上的点的是( ).

A. $(-1,0)$ B. $(1,1)$ C. $\left(-\frac{\sqrt{2}}{2},\frac{\sqrt{2}}{2}\right)$ D. $\left(\frac{\sqrt{3}}{2},\frac{1}{2}\right)$

4. $\frac{2\pi}{3}$弧度的角的终边与单位圆的交点的坐标是( ).

A. $\left(-\frac{1}{2},\frac{\sqrt{3}}{2}\right)$ B. $\left(-\frac{\sqrt{3}}{2},\frac{1}{2}\right)$ C. $\left(\frac{1}{2},-\frac{\sqrt{3}}{2}\right)$ D. $\left(\frac{\sqrt{3}}{2},-\frac{1}{2}\right)$

三、解答题.

1. 设角 θ 是第三象限的角,请判断点 $P(\cos\theta,\tan\theta)$所在的象限.

2. 求值：$\sin\frac{\pi}{2}-2\cos\frac{\pi}{3}+\cos\pi+\sin 0+\sin\frac{3\pi}{2}-\tan 2\pi+\sin^2\frac{\pi}{4}$.

【学海探津】

其实，除了我们学习过的正弦、余弦和正切之外，还有3个三角函数在航海学、测绘学、工程学等方面也会经常遇到，它们是余切($\cot\alpha$)、正割($\sec\alpha$)和余割($\csc\alpha$).

定义为：

$$\cot\alpha=\frac{1}{\tan\alpha},\qquad \sec\alpha=\frac{1}{\cos\alpha},\qquad \csc\alpha=\frac{1}{\sin\alpha}.$$

这些三角函数之间也存在一定的联系，如：$1+\tan^2\alpha=\sec^2\alpha$，$1+\cot^2\alpha=\csc^2\alpha$，你能用任意角的三角函数的定义加以证明吗？

4.4 同角三角函数的基本关系

【要点梳理】

同角三角函数的平方关系是:________;商数关系是:________.

【典例解析】

例 1 请利用任意角的三角函数的定义证明同角三角函数的基本关系式.

分析 直接利用任意角的三角函数的定义表示各三角函数,然后进行化简即可.

证明 在角 α 的终边上任取异于原点的一点 $P(x,y)$,令 $r=\sqrt{x^2+y^2}$,则有

$$\sin\alpha=\frac{y}{r},\qquad \cos\alpha=\frac{x}{r},\qquad \tan\alpha=\frac{y}{x}(x\neq 0),$$

因此

$$\sin^2\alpha+\cos^2\alpha=\left(\frac{y}{r}\right)^2+\left(\frac{x}{r}\right)^2=\frac{y^2}{r^2}+\frac{x^2}{r^2}=\frac{y^2+x^2}{r^2}=\frac{r^2}{r^2}=1,$$

$$\frac{\sin\alpha}{\cos\alpha}=\frac{\frac{y}{r}}{\frac{x}{r}}=\frac{y}{x}=\tan\alpha.$$

注意 借助单位圆和直接利用任意角的三角函数的定义这两种思路的本质是一样的.

例 2 已知 $\cos\alpha=\frac{5}{13}$,求 $\sin\alpha$ 和 $\tan\alpha$ 的值.

分析 讨论角 α 所在象限的可能情况,结合同角三角函数的基本关系进行计算.

解 由 $\sin^2\alpha+\cos^2\alpha=1$,得

$$\sin\alpha=\pm\sqrt{1-\cos^2\alpha}.$$

如果角 α 是第一象限的角,则有 $\sin\alpha>0$,此时

$$\sin\alpha=\sqrt{1-\left(\frac{5}{13}\right)^2}=\frac{12}{13},\qquad \tan\alpha=\frac{\sin\alpha}{\cos\alpha}=\frac{12}{5}.$$

同理，如果角 α 是第四象限的角，可以得到，$\sin\alpha=-\frac{12}{13}$，$\tan\alpha=-\frac{12}{5}$.

注意 当没有指定已知角的范围时，需要对可能的情况进行讨论.

例 3 化简：$\sqrt{1-\cos^2 215°}$.

分析 利用同角三角函数的平方关系进行化简.

解 原式 $=\sqrt{1-\cos^2 215°}=\sqrt{\sin^2 215°}=|\sin 215°|$，因为 $\sin 215°<0$，所以，原式 $=-\sin 215°$.

注意 化简过程中，需要留意涉及的角的三角函数值的符号.

【闯关训练】

4.4 同角三角函数的基本关系

一、填空题.

1. $1-\sin^2\alpha=$________;$1-\cos^2\alpha=$________;$\cos\alpha\tan\alpha=$________;$\dfrac{\sin\alpha}{\tan\alpha}=$________.

2. 若 $\sin\alpha=\sqrt{1-\cos^2\alpha}$,则角 α 是第________象限的角;若 $\sin\alpha=-\sqrt{1-\cos^2\alpha}$,则角 α 是第______象限的角;若 $\cos\alpha=\sqrt{1-\sin^2\alpha}$,则角 α 是第______象限的角;若 $\cos\alpha=-\sqrt{1-\sin^2\alpha}$,则角 α 是第______象限的角.

3. $\sin^2 2\alpha+\cos^2 2\alpha=$______.

4. $\dfrac{\sin\dfrac{\alpha}{2}}{\cos\dfrac{\alpha}{2}}=$____________.

二、选择题.

1. 已知 $\cos\alpha=-\dfrac{1}{2}$,且角 α 是第三象限的角,那么 $\sin\alpha=$(　　).

A. $\sqrt{3}$　　B. $\dfrac{1}{2}$　　C. $\dfrac{\sqrt{3}}{2}$　　D. $-\dfrac{\sqrt{3}}{2}$

2. 已知 $\sin\alpha=-\dfrac{\sqrt{2}}{2}$,且角 α 是第四象限的角,那么 $\tan\alpha=$(　　).

A. 1　　B. −1　　C. 0　　D. 不存在

3. 已知 $\sin\alpha=\dfrac{3}{5}$,则 $\cos\alpha=$(　　).

A. $\dfrac{4}{5}$　　B. $\dfrac{3}{5}$

C. $\pm\dfrac{4}{5}$　　D. $\pm\dfrac{3}{5}$

4. 已知 $\tan\alpha=3$, 那么 $\dfrac{\sin\alpha-2\cos\alpha}{2\sin\alpha-\cos\alpha}=$(　　).

A. $\dfrac{1}{5}$　　B. $-\dfrac{1}{5}$

C. $\dfrac{2}{5}$　　D. $-\dfrac{2}{5}$

三、解答题.

1. 化简：$\dfrac{1+2\sin\alpha\cos\alpha}{\sin\alpha+\cos\alpha}$.

2. 求证：$\sin^4\alpha+\sin^2\alpha\cos^2\alpha+\cos^2\alpha=1$.

【学海探津】

利用六边形帮助记忆

请在图 4-15 所示方框中填写相应的三角函数.

要求：在这个六边形中，阴影三角形两上顶点的三角函数值的平方和等于下顶点的三角函数值的平方；任意一个顶点的三角函数值等于相邻两个顶点的三角函数值的乘积.

除此之外，你还能发现什么规律吗？

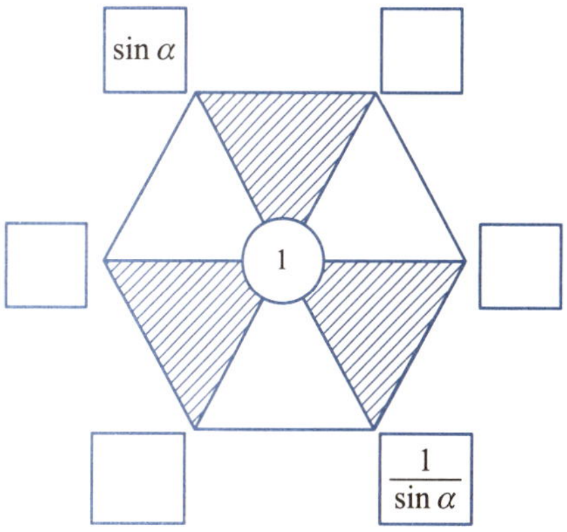

图 4-15

4.5 诱导公式

【要点梳理】

1. $\sin(2k\pi+\alpha)=$ ______；$\cos(2k\pi+\alpha)=$ ______；$\tan(2k\pi+\alpha)=$ ______.（$k\in\mathbf{Z}$）
2. $\sin(-\alpha)=$ ______；$\cos(-\alpha)=$ ______；$\tan(-\alpha)=$ ______.
3. $\sin(\pi+\alpha)=$ ______；$\cos(\pi+\alpha)=$ ______；$\tan(\pi+\alpha)=$ ______.
4. $\sin(\pi-\alpha)=$ ______；$\cos(\pi-\alpha)=$ ______；$\tan(\pi-\alpha)=$ ______.

【典例解析】

例 1 如图 4-16 所示，点 A 与点 B 关于 y 轴对称，设 $\angle xOA=\alpha$，则（ ）.

A. $\sin\angle xOB=-\sin\alpha$

B. $\tan\angle xOC=-\tan\alpha$

C. $\tan\angle xOD=-\tan\alpha$

D. $\cos\angle xOD=-\cos\alpha$

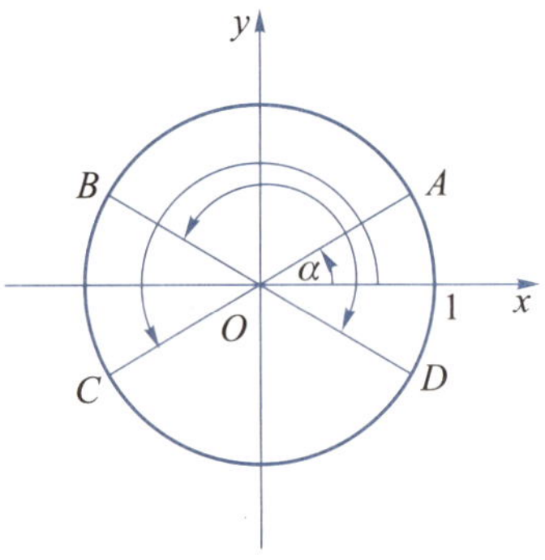

图 4-16

分析 结合图像中各角之间的关系，利用诱导公式逐个计算.

解 $\angle xOB=\pi-\alpha$，所以 $\sin\angle xOB=\sin\alpha$；

$\angle xOC=\pi+\alpha$，所以 $\tan\angle xOC=\tan\alpha$；

$\angle xOD=-\alpha$，所以 $\tan\angle xOD=-\tan\alpha$，$\cos\angle xOD=\cos\alpha$.

综上，选项 C 正确.

注意 运用数形结合思想分析问题.

例 2 求值：$\sin\dfrac{13\pi}{6}+\cos\left(-\dfrac{19\pi}{3}\right)-\tan\left(\dfrac{3\pi}{4}\right)$.

分析 利用诱导公式逐个计算.

解 $\sin\dfrac{13\pi}{6}=\sin\left(2\pi+\dfrac{\pi}{6}\right)=\sin\dfrac{\pi}{6}=\dfrac{1}{2}$；

$\cos\left(-\dfrac{19\pi}{3}\right)=\cos\left(\dfrac{19\pi}{3}\right)=\cos\left(6\pi+\dfrac{\pi}{3}\right)=\cos\dfrac{\pi}{3}=\dfrac{1}{2}$;

$\tan\dfrac{3\pi}{4}=\tan\left(\pi-\dfrac{\pi}{4}\right)=-\tan\dfrac{\pi}{4}=-1$;

原式$=\dfrac{1}{2}+\dfrac{1}{2}-(-1)=2$.

注意 公式的运用方法和思考角度不是唯一的，比如：$\sin\dfrac{13\pi}{6}=\sin\left(\dfrac{13\pi}{6}-2\pi\right)=\sin\dfrac{\pi}{6}=\dfrac{1}{2}$，又比如：$\cos\left(-\dfrac{19\pi}{3}\right)=\cos\left(-\dfrac{19\pi}{3}+6\pi\right)=\cos\left(-\dfrac{\pi}{3}\right)=\cos\dfrac{\pi}{3}=\dfrac{1}{2}$，但是其本质和目标是一致的，即利用诱导公式，将任意角的三角函数问题转化为锐角的三角函数问题.

例 3 化简：$\dfrac{\sin(2\pi-\alpha)\cos(3\pi+\alpha)\tan(-\pi+\alpha)}{\sin(3\pi-\alpha)\sin(-\pi-\alpha)}$.

分析 利用诱导公式逐个化简.

解 原式$=\dfrac{(-\sin\alpha)\cos(\pi+\alpha)\tan[-(\pi-\alpha)]}{\sin(\pi-\alpha)\sin[-(\pi+\alpha)]}$

$=\dfrac{(-\sin\alpha)(-\cos\alpha)[-\tan(\pi-\alpha)]}{\sin\alpha[-\sin(\pi+\alpha)]}$

$=\dfrac{(-\sin\alpha)(-\cos\alpha)[-(-\tan\alpha)]}{\sin\alpha[-(-\sin\alpha)]}$

$=\dfrac{(-\sin\alpha)(-\cos\alpha)\tan\alpha}{\sin^2\alpha}$

$=1$.

归纳 使用诱导公式的一般步骤：

任意负角的三角函数

↓ $\alpha+2k\pi(k\in\mathbf{Z})$或$-\alpha$的诱导公式

任意正角的三角函数

↓ $\alpha+2k\pi(k\in\mathbf{Z})$的诱导公式

$0\sim2\pi$角的三角函数

↓ $\pi\pm\alpha$的诱导公式

锐角的三角函数

【闯关训练】

4.5 诱导公式

一、填空题.

1. tan 750° = ________.

2. $\cos\left(-\frac{\pi}{3}\right)=$ ________.

3. sin 135° = ________.

4. $\cos\frac{5\pi}{4}=$ ________.

二、选择题.

1. $\sin\left(-\frac{\pi}{6}\right)=$ (　　).

A. $\frac{1}{2}$　　B. $-\frac{1}{2}$　　C. $\pm\frac{\sqrt{3}}{2}$　　D. $\pm\frac{1}{2}$

2. 下列等式正确的是(　　).

A. $\cos\left(-\frac{\pi}{6}\right)=\cos\frac{11\pi}{6}$　　B. $\cos\frac{7\pi}{3}=\cos\frac{2\pi}{3}$

C. $\tan\left(-\frac{\pi}{4}\right)=\tan\frac{5\pi}{4}$　　D. $\sin\frac{7\pi}{6}=\sin\frac{\pi}{6}$

3. 如果 $\tan\alpha=\frac{2}{3}$,那么 $\tan(\pi+\alpha)=$ (　　).

A. $\pm\frac{2}{3}$　　B. $\pm\frac{3}{2}$　　C. $\frac{2}{3}$　　D. $-\frac{2}{3}$

4. 如果 $\alpha+\beta=\pi$,那么下列等式正确的是(　　).

A. $\sin\alpha=-\sin\beta$　　B. $\cos\alpha=\cos\beta$

C. $\tan\alpha=\tan\beta$　　D. $\sin\alpha=\sin\beta$

三、解答题.

1. 求值:sin 390°−cos 120°−tan 225°+cos(−45°).

2. 化简：$\dfrac{\cos(-\alpha)\tan(7\pi+\alpha)}{\sin(\pi-\alpha)}$.

【学海探津】

互余的两个角的三角函数之间的关系

——学一学——

我们知道，$\sin\dfrac{\pi}{6}=\cos\dfrac{\pi}{3}=\dfrac{1}{2}$，$\sin\dfrac{\pi}{3}=\cos\dfrac{\pi}{6}=\dfrac{\sqrt{3}}{2}$，$\sin\dfrac{\pi}{4}=\cos\dfrac{\pi}{4}=\dfrac{\sqrt{2}}{2}$，那么，对于其他的互余的两个角，它们的正弦和余弦之间是否也存在相应的关系呢？

如图 4-17 所示，任意角 α 与单位圆交于点 $P(x,y)$，则角 $\dfrac{\pi}{2}-\alpha$ 与单位圆的交点为 $P'(y,x)$.

对于角 α，有

$$\cos\alpha=x,\qquad \sin\alpha=y,$$

而对于角 $\dfrac{\pi}{2}-\alpha$，有

$$\cos\left(\frac{\pi}{2}-\alpha\right)=y,\qquad \sin\left(\frac{\pi}{2}-\alpha\right)=x,$$

从而得到

$$\sin\left(\frac{\pi}{2}-\alpha\right)=\cos\alpha,\qquad \cos\left(\frac{\pi}{2}-\alpha\right)=\sin\alpha.$$

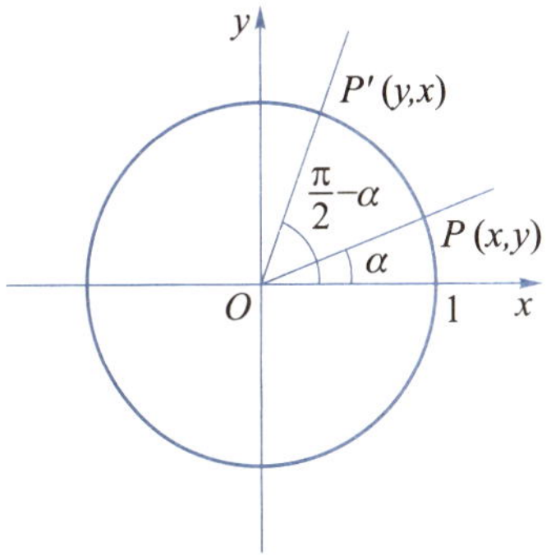

图 4-17

特别地，由于$\frac{\pi}{2}+\alpha=\frac{\pi}{2}-(-\alpha)$，因此，把上面公式中的 α 换为$-\alpha$，就可以得到

$$\sin\left(\frac{\pi}{2}+\alpha\right)=\cos\alpha, \qquad \cos\left(\frac{\pi}{2}+\alpha\right)=-\sin\alpha.$$

这样，利用这两组公式，就可以在互余的两个角之间实现正弦函数与余弦函数的互相转化.

——试一试——

请用适当的角填空：

1. $\sin 40^\circ=\cos$__________.

2. $\sin 110^\circ=\cos$__________.

3. $\cos(-10^\circ)=\sin$__________.

4.6 正弦函数的图像和性质

【要点梳理】

1. 一般地，对于函数 $f(x)$，如果存在一个非零常数 T，使得当 x 取定义域内的任意一个值时，都有__________，则称函数 $f(x)$ 为周期函数.非零常数 T 为这个函数的一个________. 如果在周期函数 $f(x)$ 的所有周期中存在一个最小的正数，那么这个最小的正数称为 $f(x)$ 的__________.

2. 正弦函数 $y=\sin x$ 的最小正周期是________.

3. 利用“五点法”画正弦函数 $y=\sin x$ 在 $[0,2\pi]$ 上的简图时，五个关键点的坐标分别是________、________、________、________、________.

4. 正弦函数 $y=\sin x$ 的定义域是______，值域是________；当 $x=$__________时，y 取最大值，最大值是______；当 $x=$__________时，y 取最小值，最小值是______.

5. 对于定义域内任意一个 x，等式 $\sin(-x)=$______ $\sin x$ 都成立，所以，正弦函数 $y=\sin x$ 是______函数，其图像关于______对称.

6. 正弦函数 $y=\sin x$ 在区间__________________上都是增函数，函数值从______增加到______；在区间__________________上都是减函数，函数值从______减少到______.

【典例解析】

例 1 (1) 函数 $f(x)=x^2$ 满足 $f(-2+4)=f(-2)=4$，那么函数 $f(x)=x^2$ 是以 4 为周期的函数吗？

(2) 已知正弦函数 $f(x)=\sin x$ 是周期函数，且满足 $\sin(0+\pi)=\sin 0$，那么函数 $f(x)=\sin x$ 是以 π 为周期的函数吗？

分析 根据周期函数的定义加以分析.

解 (1) 因为当 $x=1$ 时，$f(1)=1$，但是 $f(1+4)=25$，所以 $f(x)=x^2$ 不满足对定义域内任意一个 x，$f(x+4)=f(x)$ 都成立，根据周期函数的定义，函数 $f(x)=x^2$ 不是以 4 为周期的函数.

(2) 因为当 $x=\frac{\pi}{6}$ 时，$f\left(\frac{\pi}{6}\right)=\sin\frac{\pi}{6}=\frac{1}{2}$，但是 $f\left(\frac{\pi}{6}+\pi\right)=\sin\frac{7\pi}{6}=-\frac{1}{2}$，所以 $f(x)=\sin x$ 不满足对定义域内任意一个 x，$f(x+\pi)=f(x)$ 都成立，根据周期函数的定义，函数 $f(x)=\sin x$

不是以 π 为周期的函数.

注意 周期性是函数的整体性质，要求对于函数整个定义域内的每一个 x 值,都满足

$$f(x+T)=f(x),\text{ 其中 } T \text{ 是不为零的常数.}$$

如果只有个别的 x 值满足 $f(x+T)=f(x)$，或即使只有一个 x 值不满足 $f(x+T)=f(x)$，都不能说 T 是函数 $f(x)$ 的周期.

例 2 利用"五点法"画出函数 $y=2\sin x$ 在 $[0,2\pi]$ 上的简图,并指出函数 $y=2\sin x$ 在此区间内的最大值和最小值.

分析 先找到函数 $y=2\sin x$ 的五个关键点,再绘制简图.

解 按五个关键点列表(表 4-3).

表 4-3

x	0	$\frac{\pi}{2}$	π	$\frac{3\pi}{2}$	2π
$\sin x$	0	1	0	-1	0
$2\sin x$	0	2	0	-2	0

根据表 4-3 中的数据描点,再将它们用光滑的曲线连接,如图 4-18 所示.

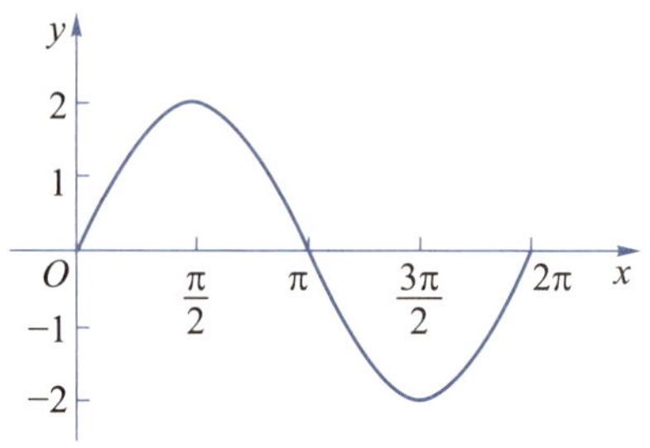

图 4-18

可以看出,此范围内函数的最大值是 2,最小值是-2.

归纳 根据函数的图像,可以观察得到,相对于正弦函数 $y=\sin x$,函数 $y=2\sin x$ 的周期和单调区间都没有改变,但是函数的值域发生了改变.

例 3 根据已知条件,求 m 的取值范围:(1) $\sin x=2m-1$;(2) $1-2\sin x=m$.

分析 利用 $y=\sin x$ 的值域解决问题.

解 (1) 因为 $-1\leqslant\sin x\leqslant1$,所以 $-1\leqslant2m-1\leqslant1$,因此,$0\leqslant m\leqslant1$,$m$ 的取值范围为 $[0,1]$.

(2) 因为 $-1\leqslant\sin x\leqslant1$,所以 $-2\leqslant-2\sin x\leqslant2$,$-1\leqslant1-2\sin x\leqslant3$,因此,$-1\leqslant m\leqslant3$,$m$ 的取值范围为 $[-1,3]$.

注意 此题的两问十分类似,要注意加以区分.

【闯关训练】

4.6.1 正弦函数的图像

一、填空题.

1. 已知定义在 **R** 上的函数 $f(x)$ 的周期为 2,且 $f(3)=5$,则 $f(1)=$ ______,$f(5)=$ ______.

2. 函数 $f(x)=\sin x$ 的周期是______,$f(x+2\pi)=$ ______,$f\left(\frac{\pi}{4}\right)=$ ______,$f\left(\frac{9\pi}{4}\right)=$ ______,$f\left(-\frac{7\pi}{4}\right)=$ ______.

3. 请填写表 4-4,并指出利用"五点法"画函数 $y=3\sin x$ 在 $[0,2\pi]$ 上简图时的五个关键点.

表 4-4

x	0	$\frac{\pi}{2}$	π	$\frac{3\pi}{2}$	2π
$\sin x$					
$3\sin x$					

函数 $y=3\sin x$ 五个关键点的坐标分别是__________、__________、__________、__________、__________.

4. 函数 $y=3\sin x$ 在 $[2\pi,4\pi]$ 上取得最大值时,x 的取值是________,最大值是________.

二、选择题.

1. 正弦函数 $y=\sin x$ 在 $[0,10\pi]$ 上有(　　)个最小正周期.

A. 4　　　　B. 5

C. 6　　　　D. 7

2. 下列各点中,是函数 $y=\sin x+1$ 在 $[0,2\pi]$ 上简图的关键点的是(　　).

A. $(0,0)$　　　　B. $\left(\frac{\pi}{2},1\right)$

C. $(\pi,1)$　　　　D. $\left(\frac{3\pi}{2},1\right)$

3. 如图 4-19 所示,表示 $y=-\sin x$ 在 $[0,2\pi]$ 上的图像的是(　　);表示 $y=2\sin x$ 在 $[0,2\pi]$ 上的图像的是(　　);表示 $y=\sin x-1$ 在 $[0,2\pi]$ 上的图像的是(　　).

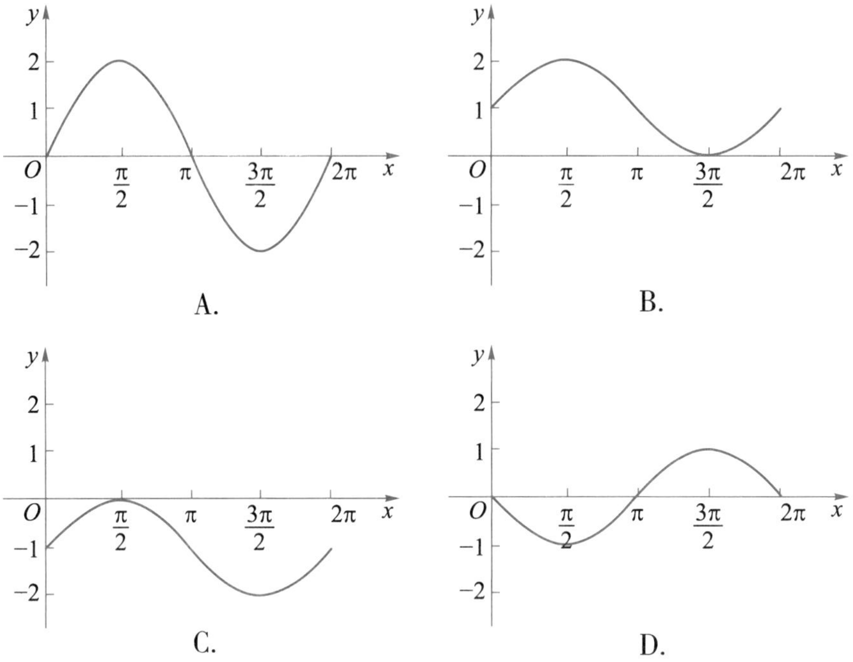

图 4-19

4. 如图 4-20 所示，$y=\sin x$ 在 $\left[-\dfrac{\pi}{2},\dfrac{3\pi}{2}\right]$ 上的图像是（　　）.

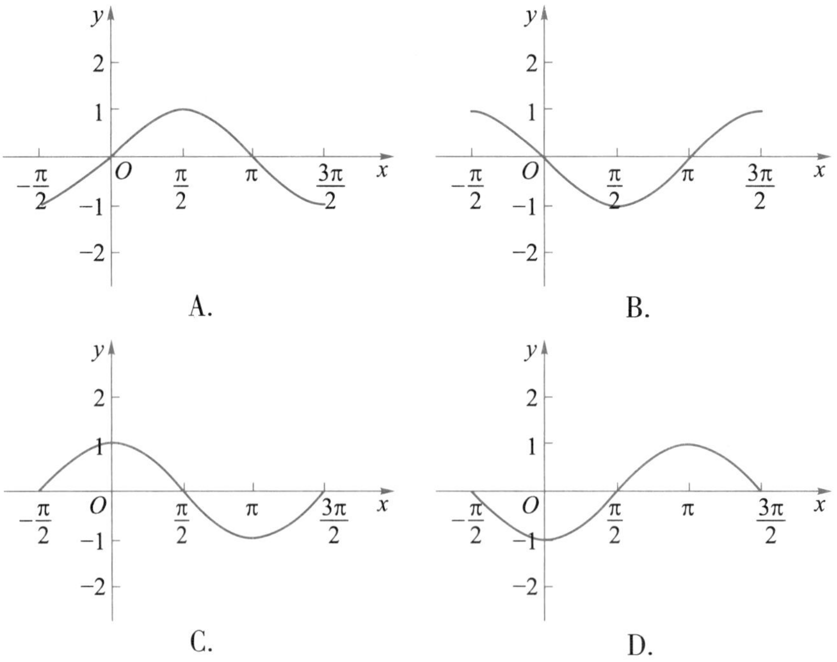

图 4-20

三、解答题.

*1. 用“五点法”在图 4-21 中画出 $y=1-\sin x$ 在 $[0,2\pi]$ 上的简图.

第一步，按五个关键点列表（见表 4-5）.

表 4-5

x	0	$\frac{\pi}{2}$	π	$\frac{3\pi}{2}$	2π
$\sin x$					
$1-\sin x$					

第二步，写出五个关键点，依次是：

第三步，描点，并将它们用光滑的曲线连接.

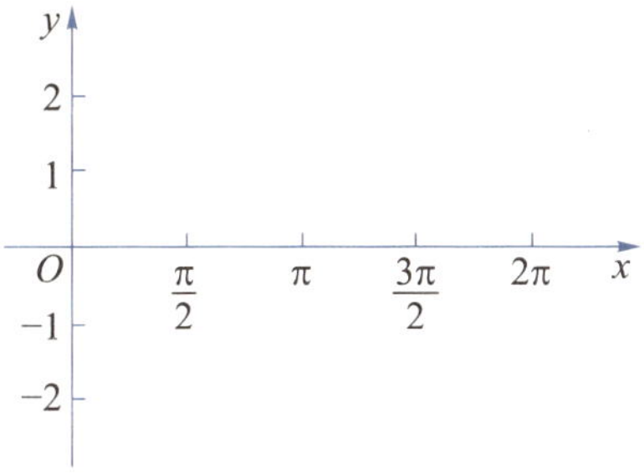

图 4-21

*2. 用“五点法”在图 4-22 中画出 $y=|\sin x|$ 在 $[0,2\pi]$ 上的简图.

第一步，按五个关键点列表（见表 4-6）.

表 4-6

x	0	$\frac{\pi}{2}$	π	$\frac{3\pi}{2}$	2π
$\sin x$					
$\|\sin x\|$					

第二步，写出五个关键点，依次是：

第三步,描点,并将它们用光滑的曲线连接.

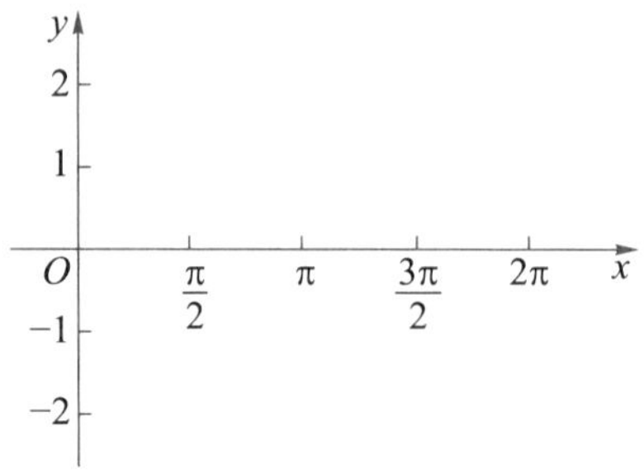

图 4-22

4.6.2 正弦函数的性质

一、填空题.

1. $y=\sin x$ 的最大值是______,最小值是______,值域是____________;$y=1+\sin x$ 的最大值是______,最小值是______,值域是____________.

2. 若 $\sin x+1=m$,则 m 的取值范围是____________.

3. 若 $\sin x=m+1$,则 m 的取值范围是____________.

4. 已知函数 $y=A\sin x$ 的最大值是 5,则 $A=$______,函数的最小值是______.

二、选择题.

1. 在下列区间上,$y=\sin x$ 是减函数的是(　　).

A. $(0,\pi)$　　B. $\left(\frac{\pi}{2},\frac{3\pi}{2}\right)$

C. $(\pi,2\pi)$　　D. $\left(0,\frac{\pi}{2}\right)$或$\left(\frac{3\pi}{2},2\pi\right)$

2. 函数 $y=-2\sin x$ 的最大值是(　　).

A. -2　　B. 2　　C. ±2.　　D. 0

3. 函数 $y=2+3\sin x$ 的最小值是(　　).

A. -1　　B. 1　　C. -2　　D. 3

4. 函数 $y=\sin x$ 取得最大值时,x 的取值可能是(　　).

A. 3π　　B. $\frac{3\pi}{2}$　　C. $-\frac{3\pi}{2}$　　D. $-\frac{\pi}{2}$

三、解答题.

*1. 求函数 $y=\frac{1}{\sin x}$的定义域.

*2. 求函数 $y=\sin 3x$ 的最小值，以及取得最小值时 x 的集合.

【学海探津】

求函数 $y=\sin^2 x-2\sin x+1$ 的值域.

4.7 余弦函数的图像和性质

【要点梳理】

1. 余弦函数的定义域是________，周期是________.

2. 利用“五点法”作余弦函数 $y=\cos x$ 在$[0,2\pi]$上的简图时，五个关键点的坐标分别是________、________、________、________、________.

3. 余弦函数 $y=\cos x$ 的值域是________；当 $x=$________时，y 取最大值，最大值是______；当 $x=$________时，y 取最小值，最小值是______.

4. 对于定义域内任意的 x，等式 $\cos(-x)=$________都成立，所以余弦函数 $y=\cos x$ 是______函数，其图像关于______对称.

5. 余弦函数 $y=\cos x$ 在区间________________上是增函数，函数值从______增加到______；在区间________________上是减函数，函数值从______减少到______.

【典例解析】

例 1 判断余弦函数 $y=\cos x$ 在$[4\pi,5\pi]$上的单调性.

分析 利用余弦函数的周期性将问题简化.

解 因为余弦函数 $y=\cos x$ 的最小正周期是 2π，所以余弦函数 $y=\cos x$ 在$[4\pi,5\pi]$上的单调性与在$[0,\pi]$上的单调性相同，即 $y=\cos x$ 在$[4\pi,5\pi]$上单调递减.

归纳 利用函数的周期性，可以将不熟悉的区间上的自变量转化到熟悉的区间上进行研究，从而将问题简化.

例 2 不求值，比较 $\cos\dfrac{3\pi}{5}$和 $\cos\dfrac{2\pi}{5}$的大小.

分析 利用余弦函数的单调性进行判断.

解 余弦函数 $y=\cos x$ 在$[0,\pi]$上是减函数，因为$\dfrac{3\pi}{5}>\dfrac{2\pi}{5}$，所以 $\cos\dfrac{3\pi}{5}<\cos\dfrac{2\pi}{5}$.

注意 利用函数的单调性，如图 4-23 所示，可以更加直观地对问题进行定性分析.

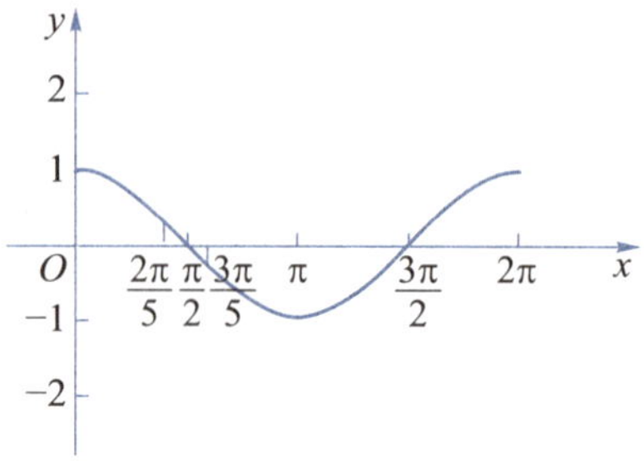

图 4-23

例 3 判断下列各式能否成立,并说明理由.

(1) $3\cos x=5$;　　　　(2) $\cos^2 x=2$.

分析 利用函数的值域进行判断.

解 (1)由题意得 $\cos x=\dfrac{5}{3}$,由于 $|\cos x|\leqslant 1$,所以 $3\cos x=5$ 不成立;

(2) 由题意得 $\cos x=\pm\sqrt{2}$,由于 $|\cos x|\leqslant 1$,所以 $\cos^2 x=2$ 不成立.

注意 利用函数的值域进行定性分析，可以简化问题.

【闯关训练】

4.7 余弦函数的图像和性质

一、填空题.

1. 函数 $f(x)=\cos x$ 的周期是______，$f(x+2\pi)=$______，$f\left(\frac{\pi}{4}\right)=$______，$f\left(\frac{9\pi}{4}\right)=$______，$f\left(-\frac{7\pi}{4}\right)=$______.

2. 函数 $y=\cos x-1$ 的最大值是______，最小值是______，值域是__________.

3. 请填写表 4-7，并指出利用“五点法”作函数 $y=1+\cos x$ 在 $[0,2\pi]$ 上简图时的五个关键点.

表 4-7

x	0	$\frac{\pi}{2}$	π	$\frac{3\pi}{2}$	2π
$\cos x$					
$1+\cos x$					

函数 $y=1+\cos x$ 五个关键点的坐标分别是______、______、______、______、______.

4. 函数 $y=\cos x$ 在 $[2\pi,4\pi]$ 上的增区间是____________.

二、选择题.

1. 如图 4-24 所示，$y=\cos x$ 在 $\left[-\frac{\pi}{2},\frac{3\pi}{2}\right]$ 上的图像是（　　）.

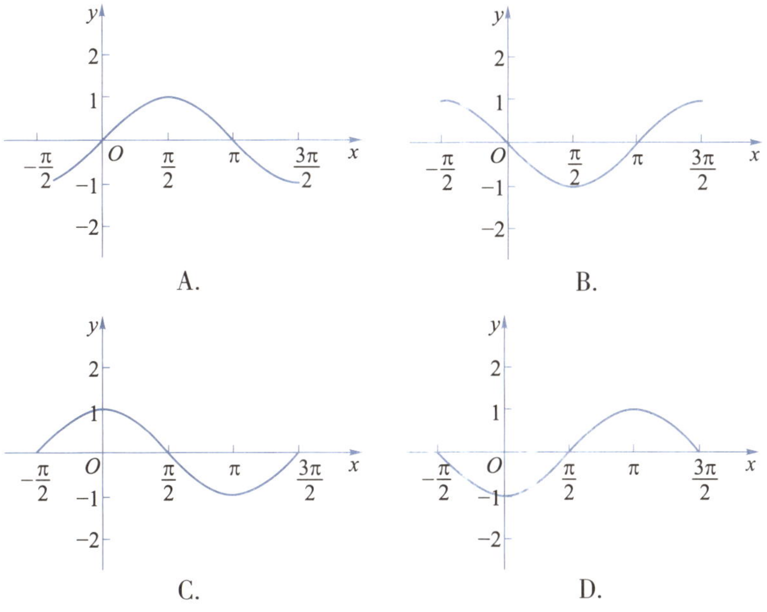

图 4-24

2. 如图 4-25 所示，$y=-\frac{1}{2}\cos x$ 在 $[0,2\pi]$ 上的图像是（　　）.

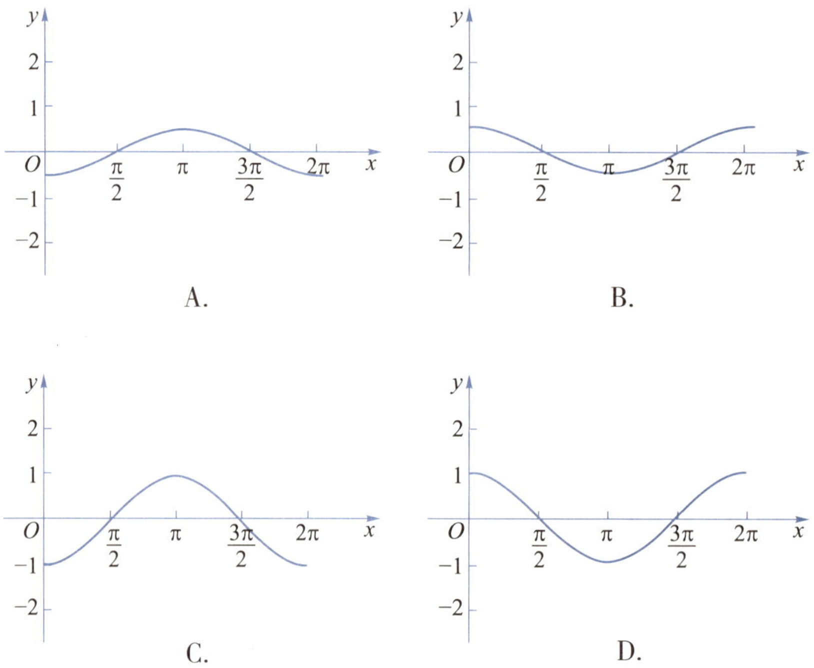

图 4-25

3. 函数 $y=2-3\cos x$ 的最大值是（　　）.

A. 2　　B. 3　　C. 4　　D. 5

4. 函数 $y=\cos x$ 取得最小值时，x 的取值可能是（　　）.

A. $-\frac{\pi}{2}$　　B. $\frac{3\pi}{2}$　　C. $\frac{5\pi}{2}$　　D. 3π

三、解答题.

*1. 用“五点法”在图 4-26 中作出 $y=1-\cos x$ 在 $[0,2\pi]$ 上的简图.

第一步，按五个关键点列表（见表 4-8）.

表 4-8

x	0	$\frac{\pi}{2}$	π	$\frac{3\pi}{2}$	2π
$\cos x$					
$1-\cos x$					

第二步，写出五个关键点，依次是：

第三步,描点,并将它们用光滑的曲线连接.

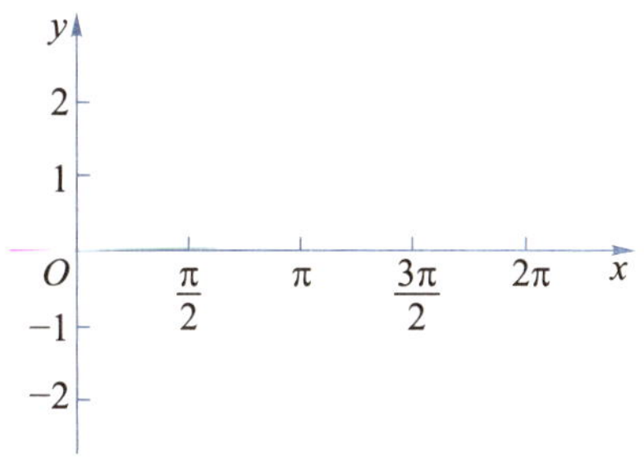

图 4-26

*2. 求函数 $y=\sqrt{-\cos x}$ 的定义域.

【学海探津】

利用单位圆研究正弦函数和余弦函数的性质

正弦函数和余弦函数的性质,不但可以通过函数的图像得到,也可以运用数形结合的思想利用单位圆进行分析.

下面以正弦函数和余弦函数的周期和最值为例进行简单说明.

如图 4-27 所示,角 α 的终边与单位圆交于点 P,当角 α 的终边从 x 轴的正半轴绕原点逆时针旋转时,可以看到,角 α 每旋转一周,点 P 的横坐标和纵坐标就会重复出现一次,也就是说,2π 是正弦函数和余弦函数的一个周期.

而在这个过程中,点 P 的横坐标和纵坐标的绝对值都不会超过 1,也就是说,$|\sin\alpha|\leqslant 1$,$|\cos\alpha|\leqslant 1$.

类似地,可以借助单位圆,讨论正弦函数和余弦函数的其他性质.

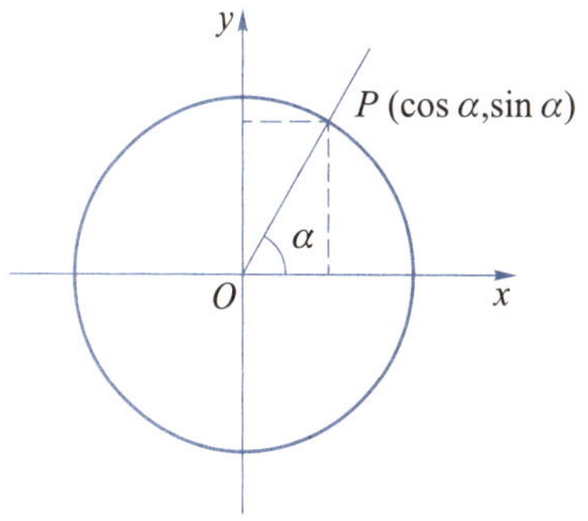

图 4-27

4.8 已知三角函数值求角

【要点梳理】

在科学型计算器的标准设置中，已知正弦函数值，只能显示____________范围内的角；已知余弦函数值，只能显示__________范围内的角；已知正切函数值，只能显示__________范围内的角.

如果所求角不在上述范围内，还需要使用____________________.

【典例解析】

例1 已知 $\sin x=\dfrac{\sqrt{3}}{2}$，不用计算器，求 $[0,2\pi]$ 内的角 x.

分析 因为 $\sin x=\dfrac{\sqrt{3}}{2}>0$，所以 x 是第一象限或者第二象限的角，利用特殊角的三角函数值，结合诱导公式进行计算求值即可.

$y=\sin x$ 的图像表示如图 4-28 所示.

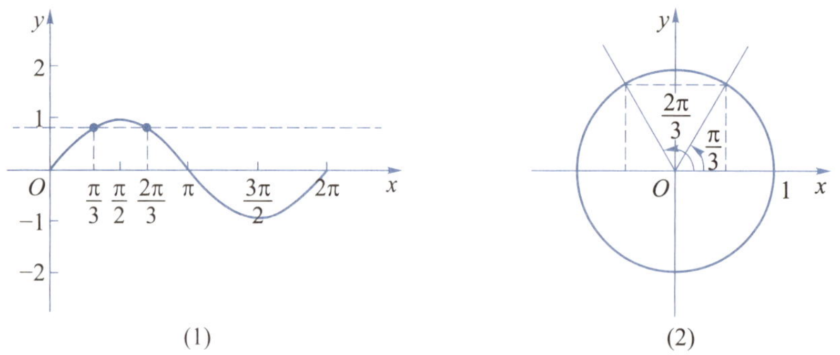

图 4-28

解 在 $[0,2\pi]$ 内，因为 $\sin\dfrac{\pi}{3}=\dfrac{\sqrt{3}}{2}$，由诱导公式，$\sin\dfrac{2\pi}{3}=\sin\left(\pi-\dfrac{\pi}{3}\right)=\dfrac{\sqrt{3}}{2}$，所以，$[0,2\pi]$ 内的角是 $x=\dfrac{\pi}{3}$ 或 $x=\dfrac{2\pi}{3}$.

注意 在正弦函数的非单调区间上，对于一个已知的正弦函数值，可能有多个角和它对应.对于余弦函数同样如此.

例 2 已知 $\cos x=-\dfrac{\sqrt{2}}{2}$，不用计算器，求 $[0,2\pi]$ 内的角 x.

分析 因为 $\cos x=-\dfrac{\sqrt{2}}{2}<0$，所以 x 是第二象限或者第三象限的角，利用特殊角的三角函数值，结合诱导公式进行计算求值即可.

$y=\cos x$ 的图像表示如图 4-29 所示.

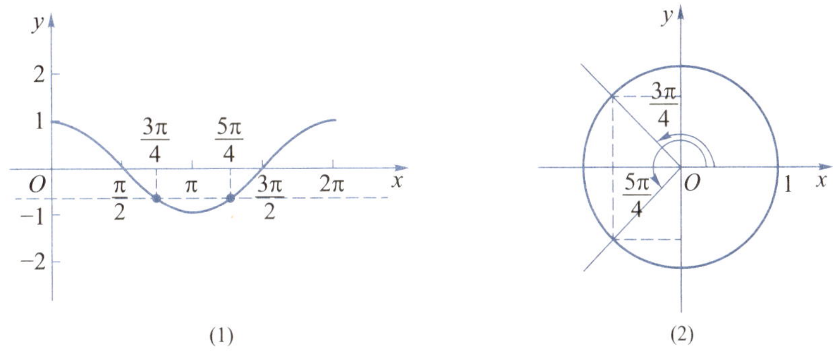

图 4-29

解 在 $[0,2\pi]$ 内，因为 $\cos\dfrac{\pi}{4}=\dfrac{\sqrt{2}}{2}$，由诱导公式，$\cos\dfrac{3\pi}{4}=\cos\left(\pi-\dfrac{\pi}{4}\right)=-\dfrac{\sqrt{2}}{2}$，$\cos\dfrac{5\pi}{4}=\cos\left(\pi+\dfrac{\pi}{4}\right)=-\dfrac{\sqrt{2}}{2}$，所以 $[0,2\pi]$ 内的角 $x=\dfrac{3\pi}{4}$ 或 $x=\dfrac{5\pi}{4}$.

注意 根据图像可以看出，对于余弦函数 $y=\cos x$，在区间 $[0,\ 2\pi]$ 上，对 $y\in(-1,\ 1)$ 的任意一个值，有两个 x 与之对应.对于正弦函数同样如此.

例 3 已知 $\cos x=-0.2$，利用计算器求 $0°\sim360°$ 范围内的角 x（精确到 $0.01°$）.

分析 因为 $\cos x=-0.2<0$，所以 x 是第二象限或者第三象限的角.

解 利用计算器得到 $0°\sim180°$ 范围内的角

$$x_1\approx101.54°.$$

利用诱导公式 $\cos(360°-\alpha)=\cos\alpha$，得到 $180°\sim360°$ 范围内的角

$$x_2 \approx 258.46°.$$

故 0°~360°范围内,余弦值为-0.2 的角为 101.54°和 258.46°.

注意 利用计算器可以求出已知余弦函数值对应在 0°~180°范围内的角，所以需要结合诱导公式进行计算求值.

【闯关训练】

*4.8 已知三角函数值求角

一、填空题.

1. 已知 $\sin x=\frac{\sqrt{3}}{2}, x\in[0,2\pi]$,那么 $x=$______.

2. 已知 $\cos x=-\frac{1}{2}, x\in[0,2\pi]$,那么 $x=$______.

3. 已知 $\tan x=1, x\in[0,2\pi]$,那么 $x=$________.

4. 已知 $\sin x=-0.3$ 在 $-90°\sim90°$ 范围内的解是 $-17.46°$,那么它在 $0°\sim360°$ 范围内的解是________________.

二、选择题.

1. 已知 $\sin x=\frac{1}{2}, x\in\left[\frac{\pi}{2},\frac{3\pi}{2}\right]$,那么 $x=$( ).

A. $\frac{\pi}{6}$ B. $\frac{\pi}{3}$ C. $\frac{2\pi}{3}$ D. $\frac{5\pi}{6}$

2. 已知 $\cos x=-\frac{\sqrt{3}}{2}, x\in[\pi,2\pi]$,那么 $x=$( ).

A. $\frac{7\pi}{6}$ B. $\frac{4\pi}{3}$ C. $\frac{5\pi}{3}$ D. $\frac{11\pi}{6}$

3. 已知 $\tan x=\frac{\sqrt{3}}{3}, x\in[0,2\pi]$,那么 $x=$( ).

A. $\frac{\pi}{6}$或$\frac{5\pi}{6}$ B. $\frac{7\pi}{6}$或$\frac{11\pi}{6}$ C. $\frac{\pi}{6}$或$\frac{7\pi}{6}$ D. $\frac{5\pi}{6}$或$\frac{11\pi}{6}$

4. 已知 $\tan x=1, x\in[-\pi,\pi]$,那么 $x=$( ).

A. $-\frac{\pi}{4}$或$\frac{\pi}{4}$ B. $-\frac{3\pi}{4}$或$\frac{\pi}{4}$ C. $\frac{\pi}{4}$或$\frac{3\pi}{4}$ D. $-\frac{3\pi}{4}$或$\frac{3\pi}{4}$

三、解答题.

1. 若 x 在 $0°\sim360°$ 范围内,利用计算器求适合下列条件的 x(精确到 $0.01°$).

(1) $\sin x=0.32$; (2) $\sin x=-0.81$;

（3）$\cos x=-0.732$；（4）$\tan x=0.99$.

2. 若 $x\in[0,2\pi]$，利用计算器求适合下列条件的 x（精确到 0.000 1）.

（1）$\sin x=0.62$；（2）$\sin x=-0.581$；

（3）$\cos x=-0.11$；（4）$\tan x=-1.1$.

3. 使用计算器求值：$\sin 76°-\cos(-14°)+\tan(-8°)$（精确到 0.001）.

【学海探津】

其实，除了我们熟知的手持科学型计算器外，信息技术的发展和便携移动设备的普及为我们进行数学运算提供了很多便利条件.

一、计算机自带计算器程序

计算机中都会自带计算器程序，帮助我们进行常见的运算.

通常情况下，计算机自带的计算器会默认显示比较简单的功能界面，我们可以根据需要打开相应的功能区来选择适用的功能，如图 4-30 所示.

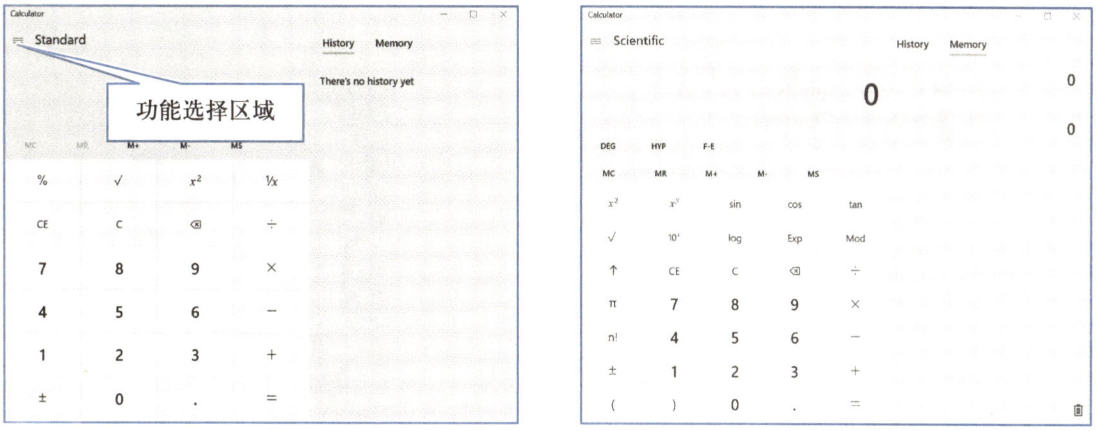

(1) (2)

图 4-30

二、便携设备中的计算器工具

在便携移动设备如手机或者平板电脑中也会自带计算器，或者通过下载获得.手机中的计算器根据屏幕的不同显示方式可以展示不同的运算功能，如图 4-31 所示.

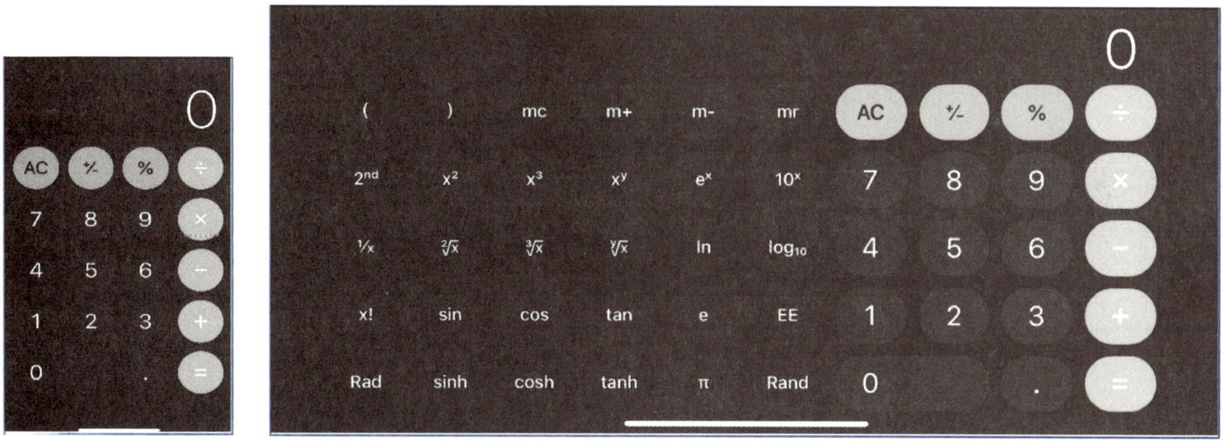

(1) (2)

图 4-31

三、在线计算器

当我们在网络中搜索“计算器”时，就会出现很多种在线计算器.这些在线计算器不但使用方便，而且界面非常美观，如图 4-32 所示.

很多在线计算器还具备一些特殊的功能，如图 4-33 所示.

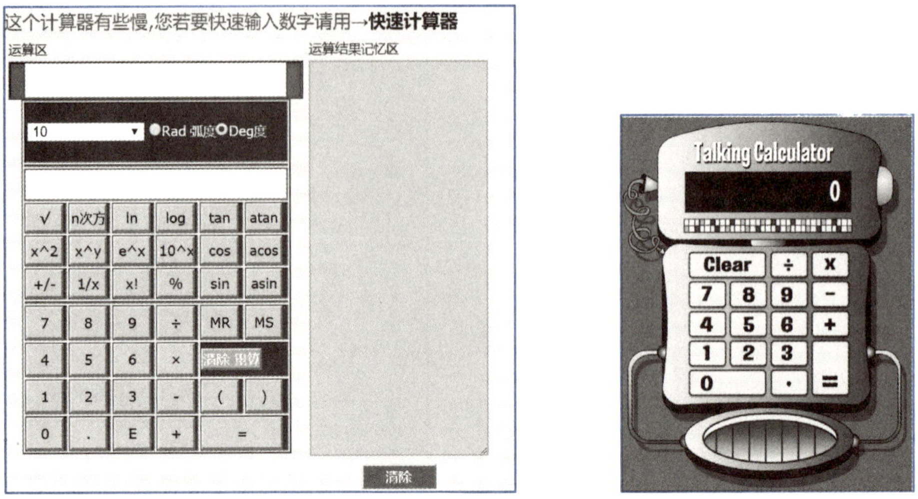

(1) (2)

图 4-32

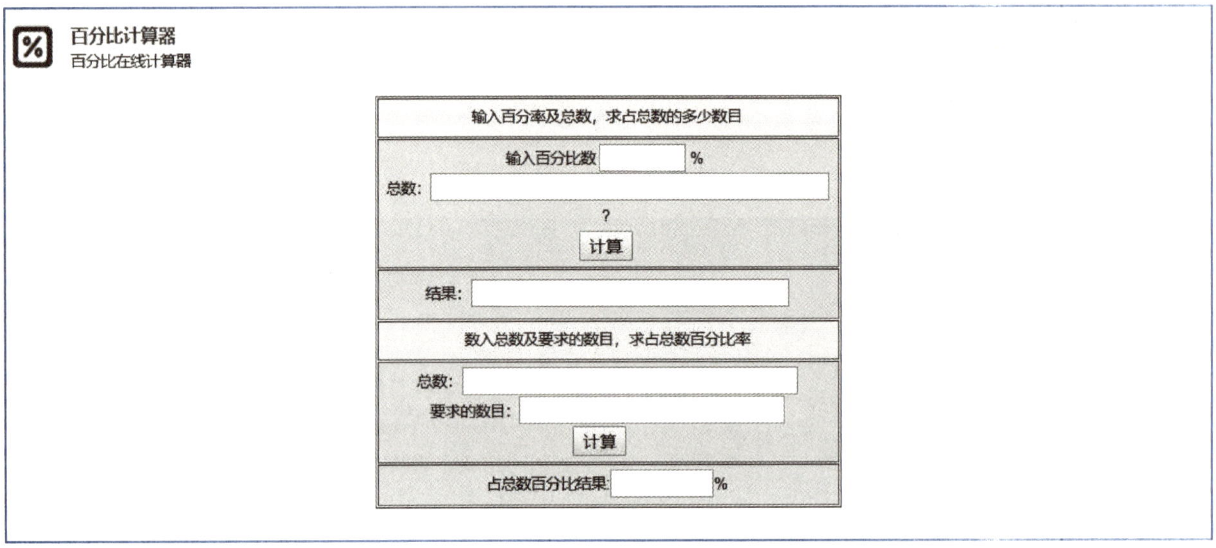

图 4-33

四、计算器模拟程序

随着技术的进步,一些手持科学型计算器也可以用计算机模拟程序替代.

总之,在我们的身边有很多信息化学习资源,请找一款适合自己的计算器来帮助学习吧!

第 4 章自我检测

一、选择题.

1. 下列角中与 330°角终边相同的是(　　).

A. 390°　　B. 930°　　C. −60°　　D. −390°

2. 370°角所在的象限是(　　).

A. 第一象限　　B. 第二象限

C. 第三象限　　D. 第四象限

3. 设 $0°<\alpha<90°$,则角 $-\alpha$ 所在的象限是(　　).

A. 第一象限　　B. 第二象限

C. 第三象限　　D. 第四象限

4. 设 $\frac{\sin\alpha}{\cos\alpha}<0$,则角 α 所在的象限是(　　).

A. 第一或第二象限　　B. 第二或第四象限

C. 第三或第四象限　　D. 第一或第四象限

5. 如果角 α 是第三象限的角,则 $\sqrt{\cos^2\alpha}=$(　　).

A. $\cos\alpha$　　B. $-\cos\alpha$　　C. $\sin\alpha$　　D. $-\sin\alpha$

6. 已知角 α 终边上的一点 $P(3,4)$,则 $\sin\alpha+\cos\alpha+\tan\alpha=$(　　).

A. $\frac{41}{15}$　　B. $\frac{39}{15}$　　C. $\frac{15}{41}$　　D. $\frac{15}{39}$

7. 如果 $\sin\alpha=\frac{3}{5}$,$\alpha\in(0,\pi)$,那么 $\tan\alpha$ 的值等于(　　).

A. $\frac{4}{3}$　　B. $\frac{3}{4}$　　C. $\pm\frac{3}{4}$　　D. $\pm\frac{4}{3}$

8. $\sin\frac{19\pi}{6}=$(　　).

A. $\frac{1}{2}$　　B. $-\frac{1}{2}$　　C. $\frac{\sqrt{3}}{2}$　　D. $-\frac{\sqrt{3}}{2}$

9. 函数 $y=2\sin x$ 的最小正周期是(　　).

A. $\frac{\pi}{2}$　　B. π　　C. 2π　　D. 4π

10. 函数 $y=2\cos x$ 的图像(　　).

A. 关于 x 轴对称　　B. 关于 y 轴对称

C. 关于原点对称　　D. 不具有对称性

二、填空题.

1. 与 $40°$角终边相同的角的集合是____________________.

2. $\frac{2\pi}{5}$转换为角度是________.

3. 在半径为 4 m 的圆中,$240°$的圆心角所对的弧长为________m.

4. 计算:$\sin\pi=$________.

5. 若 $\cos\alpha=-\frac{12}{13}$,并且角 α 是第二象限的角,则 $\sin\alpha=$______.

6. 若 $\sin x=2a-1$,则 a 的取值范围是________________.

三、解答题.

1. 计算:$2\tan 135°+\cos 90°-\tan 0°$.

2. 已知 $\sin\alpha=\frac{4}{5}$,且角 α 是第一象限的角,求 $\cos\alpha$ 及 $\tan\alpha$ 的值.

3. 若 $\tan\alpha=2$,求$\frac{2\sin\alpha+\cos\alpha}{\sin\alpha-\cos\alpha}$的值.

4. 化简：$\dfrac{\sin(-\alpha)-\sin(180^\circ+\alpha)-\tan(360^\circ+\alpha)}{\cos(-\alpha)+\tan(\alpha+180^\circ)+\cos(180^\circ-\alpha)}$.

5. 求 $y=\dfrac{1}{2}\sin x$ 的最大值，以及取得最大值时 x 的集合.

综合测试题

综合测试（一）

（考试时间 90 分钟，总分 100 分）

一、选择题.（每题 3 分，共 36 分）

1. 下列说法正确的是（　　）.

A. $\{0\}=\varnothing$

B. 方程 $x^2+2x+1=0$ 的解集含有 2 个元素

C. $0\in \mathbf{N}$

D. 非常接近 0 的数的全体可以构成集合

2. 集合 $A=\{1,2,3\}$ 共有（　　）个真子集.

A. 7　　B. 8　　C. 9　　D. 10

3. 已知集合 $A=(-1,5]$，集合 $B=[3,6]$，则 $A\cup B=$（　　）.

A. $[3,6]$　　B. $(-1,3]$　　C. $[3,5]$　　D. $(-1,6]$

4. 不等式 $x^2\leqslant 9$ 的解集是（　　）.

A. $[3,+\infty)$

B. $(-\infty,\pm 3]$

C. $[-3,3]$

D. $(-\infty,-3]\cup[3,+\infty)$

5. 函数 $y=\dfrac{1}{\sqrt{1-x}}$ 的定义域为（　　）.

A. $(1,+\infty)$

B. $(-\infty,1]$

C. $(-\infty,1)\cup(1,+\infty)$

D. $(-\infty,1)$

6. 在 $(0,+\infty)$ 上为增函数的是（　　）.

A. $y=-x^2+1$

B. $y=2x-1$

C. $y=\dfrac{1}{x}$

D. $y=-x^2-2x$

7. 在定义域内，下列函数是奇函数的为（　　）.

A. $y=3x+1$

B. $y=\dfrac{2}{x}$

C. $y=x^2$

D. $y=\sqrt{x}$

8. 若偶函数$f(x)$在$(0,+\infty)$上是增函数，则（　　）.

A. $f(-1)>f(-2)$

B. $f(-1)<f(-2)$

C. $f(-1)=f(-2)$

D. 不能确定$f(-1)$与$f(-2)$的大小

9. 下列说法正确的是（　　）.

A. 第一象限的角都是锐角

B. 经过 2 h，时针转过的角是 60°

C. 475°是第三象限的角

D. 终边在 x 轴上的角的集合是$\{\alpha \mid \alpha=k\pi, k\in \mathbf{Z}\}$

10. 若角 θ 的终边经过点 $P\left(-\frac{\sqrt{3}}{2},\frac{1}{2}\right)$，则 $\sin\theta$ 的值是（　　）.

A. $\frac{1}{2}$　　B. $-\frac{\sqrt{3}}{2}$　　C. $\sqrt{3}$　　D. $-\frac{\sqrt{3}}{3}$

11. $\cos\left(-\frac{4\pi}{3}\right)=$（　　）.

A. $-\frac{\sqrt{3}}{2}$　　B. $\frac{\sqrt{3}}{2}$　　C. $-\frac{1}{2}$　　D. $\frac{1}{2}$

*12. 下列说法错误的是（　　）.

A. $\sin\frac{\pi}{7}<\sin\frac{2\pi}{7}$

B. $\sqrt{1-\cos^2 130^\circ}=\sin 130^\circ$

C. 若 $\tan\alpha=1$，则 $\alpha=\frac{\pi}{4}$

D. $\sin\alpha+\cos\alpha=-3$ 不可能成立

二、填空题.（每题 3 分，共 18 分）

1. 用列举法可将方程组$\begin{cases}x-y+1=0,\\3x-2y-1=0\end{cases}$的解集表示为__________.

*2. 若关于 x 的一元二次方程 $x^2-mx+m=0$ 有两个实数解，则 m 的取值范围是________.

3. 某工厂需要生产一种长度为 15 mm 的机器零件，要求每个零件的长度的绝对误差不得超过 0.1 mm，则加工完成的零件的长度 l 的允许范围是________mm.

*4. 已知$f(x)=\begin{cases}x^2-1, x\geqslant 0,\\x+1, x<0,\end{cases}$则$f[f(-1)]=$________.

5. 函数 $y=2x^2+6x-1$ 的增区间为________.

*6. 函数 $y=\sqrt{\sin x}$ 的定义域是________.

三、解答题.(1—4 题每题 9 分,第 5 题 10 分,共 46 分)

1. 已知 $\cos\alpha=-\dfrac{4}{5}$,且角 α 是第二象限的角,求 $\sin\alpha$ 和 $\tan\alpha$ 的值.

2. 设集合 $A=\{x\mid |2x+1|\leqslant 5\}$,集合 $B=\{x\mid x^2-5x+4<0\}$,求 $A\cap B$,$A\cup B$.

3. 已知函数 $f(x)=\begin{cases}1, & -1\leqslant x<0,\\ 2x-1, & x\geqslant 0.\end{cases}$ (1) 求 $f(x)$ 的定义域;(2) 作出 $f(x)$ 的图像.

*4. 现有长度为 16 m 的铸铁栅栏,利用已有的一面墙(设长度够用)作为一边,围出一块矩形花园,如图 Z1-1 所示.求矩形的长和宽各是多少米时,矩形花园的面积最大?最大面积是多少平方米?

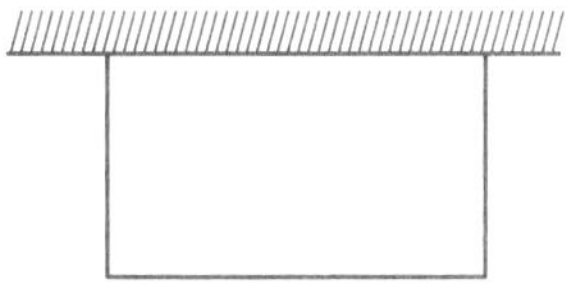

图 Z1-1

*5. 已知函数 $y=1-2\sin x$.

（1）利用“五点法”，作出函数在$[0,2\pi]$上的图像；

（2）求函数的最大值和最小值，并求取得最值时自变量 x 的集合.

综合测试（二）

（考试时间 90 分钟，总分 100 分）

一、选择题.（每题 3 分，共 36 分）

1. 下列说法错误的是（　　）.

A. 所有的平行四边形能组成集合　　B. $\{x \mid x^2-2x-3=0\}=\{-1,3\}$

C. $\{(x,y) \mid y=x\}$是无限集　　D. $\pi \in \mathbf{Q}$

2. 下列集合之间的关系判断正确的是（　　）.

A. $\varnothing=\{0\}$　　B. $\{x \mid x<-1\} \supseteq \{x \mid x<0\}$

C. $\{-4,4\} \subsetneqq \{x \mid x^2=16\}$　　D. $\{x \in \mathbf{Z} \mid -2<x<3\} \supsetneqq \{-1,0,1\}$

3. 已知集合 $A=(-1,+\infty)$，集合 $B=[-2,5]$，则 $A \cap B=$（　　）.

A. $[-2,+\infty]$　　B. $(-1,5]$

C. $[-1,-2]$　　D. $(-1,+\infty)$

4. 不等式 $x^2-2x+1 \leqslant 0$ 的解集为（　　）.

A. $\{1\}$　　B. $(-\infty,1) \cup (1,+\infty)$

C. $\mathbf{R}$　　D. $\varnothing$

5. 下列函数与 $f(x)=x$ 是同一个函数的是（　　）.

A. $g(t)=t$　　B. $h(x)=(\sqrt{x})^2$

C. $k(x)=\sqrt{x^2}$　　D. $p(x)=|x|$

6. 函数 $y=\sqrt{1-x}+\dfrac{2}{x+1}$的定义域为（　　）.

A. $(1,+\infty)$　　B. $(-\infty,1]$

C. $(-\infty,-1) \cup (-1,1]$　　D. $(-1,1)$

7. 下列函数既是奇函数又是增函数的是（　　）.

A. $y=-\dfrac{2}{x}$　　B. $y=3x$

C. $y=2x^2$　　D. $y=\sqrt{x}$

8. 函数 $y=-x^2+2x-3$（　　）.

A. 有最大值-2，且在$(-\infty,1]$上递增

B. 顶点坐标为$(1,-2)$，且在$(-\infty,1]$上递减

C. 有最大值-2，且在$[1,+\infty)$上递增

D. 有最小值-2，且图像关于$x=2$对称

9. 在$0°\sim360°$范围内，与$-510°$角终边相同的角是（　　）.

A. $510°$　　B. $210°$　　C. $150°$　　D. $-150°$

10. 若角θ的终边经过点$P(-2,3)$，则$\tan\theta$的值是（　　）.

A. $\frac{2}{3}$　　B. $-\frac{2}{3}$　　C. $-\frac{3}{2}$　　D. $\frac{3}{2}$

11. 在半径为 2 m 的圆中，$120°$的圆心角所对的弧长为（　　）m.

A. $\frac{2\pi}{3}$　　B. 240　　C. $\frac{4}{3}$　　D. $\frac{4\pi}{3}$

12. 下列选项正确的是（　　）.

A. $\sin\frac{3\pi}{5}<\sin\frac{4\pi}{5}$

B. 若$\cos\theta>0$，且$\tan\theta<0$，则θ是第四象限角

C. 若$\cos\alpha=\frac{1}{2}$，则$\alpha=60°$

D. 若$\sin\theta=\frac{3}{5}$，且$\tan\theta<0$，则$\cos\theta=\frac{4}{5}$

二、填空题.（每题 6 分，共 18 分）

1. 集合$M=\{a,b,c\}$的所有子集为______________________________.

2. 要使$\sqrt{3x-x^2+4}$有意义，x的取值范围是__________.

3. 数轴上的P点对应实数x，M点对应实数 2，若P、M两点的距离不超过 1，则实数x的取值范围是____________.

*4. 已知函数$f(x)=\begin{cases}1, & x<-1,\\ \sqrt{x+1}, & x\geqslant-1.\end{cases}$则$f[f(-2)]=$__________.

5. 函数$f(x)=kx+b$的图像经过点$(1,3)$和点$(-1,-1)$，则函数的解析式为__________.

6. $\cos\left(-\frac{16\pi}{3}\right)+\tan0-\sin\frac{3\pi}{2}=$__________.

三、解答题.（1-4 题每题 9 分，第 5 题 10 分，共 46 分）

1. 设集合$A=\{x\mid |2x-1|\geqslant3\}$，求$\complement A$.

2. 已知 $\tan\alpha=-2$,求下列各式的值.

(1) $\dfrac{\sin\alpha-3\cos\alpha}{2\sin\alpha+\cos\alpha}$;

(2) $\dfrac{1}{\cos^2\alpha-\sin^2\alpha}$.

3. 证明函数 $f(x)=x^2-1$ 在 $(-\infty,0)$ 上是减函数.

*4. 用长为 24 m 的铝材,围成一个日字形窗框(图 Z2-1),试问若要使窗户的透光面积不低于 22.5 m^2,求窗框宽度 x 的取值范围.

图 Z2-1

5. 已知函数 $y=3\cos x-1$.

（1）利用“五点法”，作出函数在$[0,2\pi]$上的图像；

（2）求函数的最大值和最小值，并求取得最值时自变量 x 的集合.

综合测试(三)

(考试时间 90 分钟,总分 100 分)

一、选择题.(每题 3 分,共 45 分)

1. 下列说法正确的是(　　).

A. $\varnothing$中没有任何元素　　B. $0\in\varnothing$

C. $\{0\}=\varnothing$　　D. $\varnothing$是任何集合的真子集

2. 设集合 $A=\{1,2,3,4\}$,集合 $B=\{0,2,4\}$,则集合 $A\cup B=$(　　).

A. $\{2,4\}$　　B. $\{1,2,3,4\}$　　C. $\{0,1,2,3,4\}$　　D. $\{0,2,4\}$

3. 设集合 $M=\{$平行四边形$\}$,集合 $P=\{$矩形$\}$,则集合 M、P 之间的关系是(　　).

A. $M\subseteq P$　　B. $M\supseteq P$　　C. $M=P$　　D. $M\in P$

4. 不等式 $|x|-3>0$ 的解集是(　　).

A. $(-3,3)$　　B. $(3,+\infty)$

C. $(-\infty,3)$　　D. $(-\infty,-3)\cup(3,+\infty)$

*5. 已知关于 x 的不等式 $x^2+4x-m>0$ 的解集是全体实数,则 m 的取值范围是(　　).

A. $m>4$　　B. $m<4$　　C. $m>-4$　　D. $m<-4$

6. 函数 $f(x)=\dfrac{2}{x-1}+\sqrt{x}$ 的定义域是(　　).

A. $[0,+\infty)$　　B. $(-\infty,1)\cup(1,+\infty)$

C. $[0,1)\cup(1,+\infty)$　　D. $[1,+\infty)$

7. 已知函数 $f(x)=\begin{cases}x^2, & x<0,\\ 1-x, & x>0,\end{cases}$ 则 $f(3)=$(　　).

A. -2　　B. 3　　C. 4　　D. 9

8. 已知二次函数 $f(x)=3(x+1)^2-2$,则下列说法正确的是(　　).

A. 顶点坐标是$(1,-2)$,最大值是-2　　B. 顶点坐标是$(-1,-2)$,最大值是-2

C. 顶点坐标是$(-1,-2)$,最小值是-2　　D. 顶点坐标是$(1,-2)$,最小值是-2

9. 下列点中,在函数 $f(x)=\dfrac{x-1}{5}$ 的图像上的是(　　).

A. $(0,1)$　　B. $(1,0)$　　C. $(6,0)$　　D. $(5,1)$

10. 下列函数为偶函数的是(　　).

A. $f(x)=x+1$　　B. $f(x)=x^2-5$　　C. $f(x)=\sin x$　　D. $f(x)=\tan x$

11. 某函数图像如图 Z3-1 所示，则该函数的增区间是(　　).

A. $(-\infty,-1)$

B. $(-1,2)$

C. $(2,+\infty)$

D. $(-1,+\infty)$

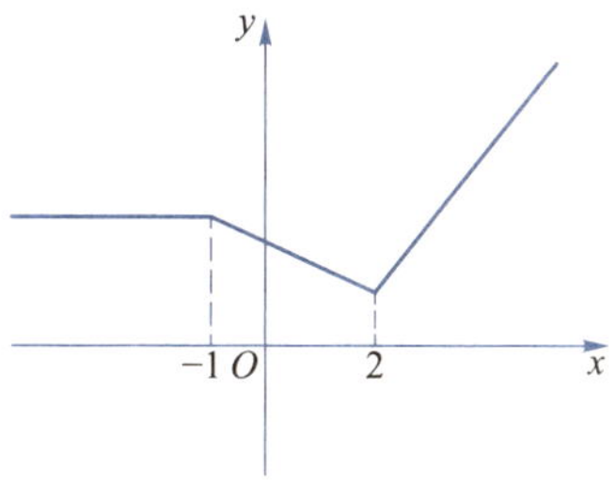

图 Z3-1

12. $\sin\frac{11\pi}{6}=$(　　).

A. $\frac{\sqrt{3}}{2}$　　B. $-\frac{\sqrt{3}}{2}$　　C. $\frac{1}{2}$　　D. $-\frac{1}{2}$

*13. 已知 $\sin\alpha\cos\alpha>0$，则角 α 是(　　).

A. 第一或第三象限角　　B. 第一或第四象限角

C. 第二或第三象限角　　D. 第二或第四象限角

14. 已知角 α 是第四象限的角，$\sin\alpha=-\frac{12}{13}$，则 $\cos\alpha=$(　　).

A. $-\frac{5}{13}$　　B. $\frac{5}{13}$　　C. $-\frac{5}{12}$　　D. $\frac{5}{12}$

15. 已知函数 $f(x)=\sin x+4$，则函数 $f(x)$ 的值域是(　　).

A. $[3,5]$　　B. $[-1,1]$　　C. $[-4,4]$　　D. $[-5,5]$

二、填空题.(每题 5 分，共 15 分)

1. 设集合 $A=\{(x,y)\mid x+y=3\}$，集合 $B=\{(x,y)\mid x-y=5\}$，则 $A\cap B=$________.

2. 不等式 $|2x-1|<3$ 的解集为____________.

3. 函数 $f(x)=(x-5)^2+3$ 的减区间是__________.

4. 已知函数 $f(x)$ 为奇函数，若 $f(a)=7$，则 $f(-a)=$________.

5. 已知角 α 的终边经过点 $M(3,-2)$，则 $\sin\alpha=$______，$\cos\alpha=$______，$\tan\alpha=$______.

三、解答题.(每题 10 分，共 40 分)

1. 设集合 $A=\{x\mid |x|<2\}$，集合 $B=\left\{x\,\middle|\,\frac{x+6}{5}-2x\leqslant 3\right\}$，求 $A\cap B$，$A\cup B$.

2. 求函数 $f(x)=\dfrac{1}{\sqrt{x^2+3x-4}}$ 的定义域.

3. 某市出租车白天(5:00—22:59)的费用标准如下:起步价 10 元(3 km 以内),超出(含)3 km 且小于 15 km 的公里数按 2 元/km 计费。超出(含)15 km 的公里数按 3 元/km 计费,写出车费 y(元)与行驶里程 x(km)之间的函数解析式,若乘客甲的行驶里程为 12 km,乘客乙的行驶里程是 20 km,则甲、乙分别应付多少车费?

*4. 已知 $\tan\alpha=3$,求 $\sin\alpha$,$\cos\alpha$.

综合测试（四）

（考试时间 90 分钟，总分 100 分）

一、选择题.（每题 3 分，共 36 分）

1. 下列说法正确的是（　　）.

A. 某班中年龄较小的同学能够组成一个集合

B. 由 1,2,3 和 3,1,2 组成的集合不相等

C. 不超过 20 的非负数可以组成一个集合

D. 方程 $(x-1)(x+1)^2=0$ 的所有解构成的集合中有 3 个元素

2. 已知集合 $A=\{0,1\}$，则集合 A 的子集共有（　　）.

A. 3 个　　B. 4 个　　C. 5 个　　D. 6 个

3. 不等式 $|x+1|<3$ 的解集是（　　）.

A. $(-4,2)$　　B. $(-2,4)$

C. $(-3,3)$　　D. $(-\infty,-4)\cup(2,+\infty)$

4. 不等式 $x^2-4x-5\geqslant 0$ 的解集是（　　）.

A. $[-1,5]$　　B. $(-\infty,-1)\cup(5,+\infty)$

C. $(-1,5)$　　D. $(-\infty,-1]\cup[5,+\infty)$

5. 函数 $y=\sqrt{2x-1}$ 的定义域是（　　）.

A. $\left(\frac{1}{2},+\infty\right)$　　B. $\left[\frac{1}{2},+\infty\right)$　　C. $\left(-\infty,\frac{1}{2}\right)$　　D. $\left(-\infty,\frac{1}{2}\right]$

*6. 已知 $f(x)=\begin{cases}x^2, & x>0,\\ \pi, & x=0,\\ 0, & x<0,\end{cases}$ 则 $f(f(-3))=$（　　）.

A. 0　　B. π　　C. π^2　　D. 9

7. 下列函数在 $(-\infty,0)$ 上是增函数的是（　　）.

A. $y=-\frac{1}{x}$　　B. $f(x)=x^2-1$　　C. $f(x)=1-x$　　D. $f(x)=|x|$

8. 在定义域内，下列函数是偶函数的为（　　）.

A. $y=x$　　B. $y=\frac{1}{x}$　　C. $y=x^2+2$　　D. $y=3x-1$

9. 下列转换结果错误的是（　　）.

A. 60°转换成弧度是$\frac{\pi}{3}$　　B. $-\frac{10}{3}\pi$ 转换成角度是$-600°$

C. $-150°$转换成弧度是$-\frac{7}{6}\pi$　　D. $\frac{\pi}{12}$转换成角度是 15°

10. $\frac{29\pi}{6}$是(　　).

A. 第一象限角　　B. 第二象限角

C. 第三象限角　　D. 第四象限角

11. 若角 θ 的终边经过点 $P(5,-12)$,则 $\cos\theta=$(　　).

A. $-\frac{12}{5}$　　B. $-\frac{5}{12}$　　C. $-\frac{12}{13}$　　D. $\frac{5}{13}$

*12. 下列正确的是(　　).

A. $\tan\frac{2\pi}{3}=\tan\frac{\pi}{3}$　　B. $\sin 240°=\sin 60°$

C. $\cos\left(-\frac{7\pi}{6}\right)=\cos\frac{7\pi}{6}$　　D. $\sin\left(\frac{9\pi}{4}\right)=-\sin\frac{\pi}{4}$

二、填空题.(每题 6 分,共 18 分)

1. 若 $f(x)=-4x+1$,则 $f(a-1)=$ ________.

2. 如果将钟表拨快 15 min,则时针所转成的角度是__________,分针所转成的角度是________.

3. 函数 $y=-x^2+2x$ 的增区间为________________.

4. $\sin\left(-\frac{7\pi}{6}\right)=$____________.

*5. 若关于 x 的一元二次方程 $x^2+bx+1=0$ 有两个不相等的实数解,则 b 的取值范围是____________________.

*6. 函数 $y=\tan x$ 的定义域是________________.

三、解答题.(1-4 题每题 9 分,第 5 题 10 分,共 46 分)

1. 已知集合 $A=\{x\mid -5<x<5\}$,集合 $B=\{x\mid 0\leqslant x<7\}$,求:(1) $A\cap B$;(2) $A\cup B$.

2. 写出与 $60°$ 终边相同的角的集合 S，并把 S 中符合不等式 $-360° \leqslant \alpha < 720°$ 的元素 α 写出来.

3. 已知 $\sin \alpha = -\frac{\sqrt{3}}{2}$，且角 α 是第四象限角，求 $\cos \alpha$ 和 $\tan \alpha$ 的值.

*4. 某商品的进价为每件 40 元，售价为每件 50 元，每个月可卖出 210 件. 如果每件商品的售价每上涨 1 元，则每个月少卖 10 件（每件售价不能高于 65 元）. 设每件商品的售价为 x 元（x 为正整数），每个月的销售利润为 y 元.

（1）求销售利润 y 与售价 x 的函数关系式.

（2）每件商品的售价 x 在什么范围时，每个月的利润不低于 2 200 元？

*5. 已知函数 $y=3\sin x+1$.

（1）列出函数的五个关键点；

（2）求函数的最大值和最小值，并求取得最值时自变量 x 的集合.

学习卡账号使用说明

一、注册/登录

访问 http://abook.hep.com.cn/sve, 点击“注册”, 在注册页面输入用户名、密码及常用的邮箱进行注册。已注册的用户直接输入用户名和密码登录即可进入“我的课程”页面。

二、课程绑定

点击“我的课程”页面右上方“绑定课程”, 正确输入教材封底防伪标签上的 20 位密码, 点击“确定”完成课程绑定。

三、访问课程

在“正在学习”列表中选择已绑定的课程, 点击“进入课程”即可浏览或下载与本书配套的课程资源。刚绑定的课程请在“申请学习”列表中选择相应课程并点击“进入课程”。

如有账号问题, 请发邮件至: 4a _ admin _ zz@ pub. hep. cn。